5つの物語で知る買い手の心理

圧倒的サイト戦略

お客様が行動する瞬間をつくる

サイトマーケティングコンサルタント
大浦早紀子

青春出版社

はじめに

「ホームページはあるけど、あまり反響がない」「サイトに何を書いたらいいのか、何から始めたらいいのかわからない」「サイトをリニューアルしたら、売上が下がってしまった」「ライバルサイトが増えて、売上が下がる一方」「サイトから問合せが来ても、ちっとも成約しない」……そのお悩み、本書で解決できます。

サイトマーケティングのコンサルタントとして12年、私は、中小企業の集客の現場で常時20～30ほどのサイトと向き合い続けてきました。

本文中にも詳しく書きますが、**サイト次第で、売上は10倍にも半分以下にもなります。**SNSも、SEO（検索エンジン最適化）も広告も、**これらの施策で御社に興味を持ったお客さんを受け止め、いかに購入・申込み・問合せといった行動につなげられるか。その鍵を握っているのが、サイトの内容**なのです。サイトは一度作れば、インターネット上で年中無休、私たちの代わりにお客さんへ「伝え続けて」くれます。

本書の内容を実践する方には、社運をかけて背水の陣で取り組み、そこから売上約30倍、業界シェア1位に大逆転した例もあります。価格競争になりやすい市場で、ライバルサイトより高めの価格帯だからこその価値を引き出し、業界首位をキープし続ける例も多数。売上が上がるだけでなく、お客様がサイトで必要な情報を得て連絡してくるので「即成約するようになった」「クレームが減り、理想のお客様の比率が上がった」などのお声もよくいただきます。

また、現在のWEBマーケティング業界は、高度複雑化・細分化しています。変化にとまどう方、情報洪水の中でお困りの方がたくさんいます。成功事例の各手法や流行りの方法論が、現状の御社に最適とは限りません。

そんな状況を整理して、**「何がどうつながって『売れる』のか」、その全体像と道筋、ポイントを、初めての方にもわかりやすく伝える本**が、今、必要だと思うのです。

本書では、**時代や環境変化を超える、現場で検証してきた「売れるサイト作りのシンプルな本質」**をお伝えします。**個人向け、法人向け、様々な業種業態に共通する原理原則**です。「変わらないもの」を知ることで、確信を持って変化にも対応できるようになります。

それを、マーケティングやサイト作りが初めての方でも読みやすいように物語形式をとりいれ、できるだけ難しくならないよう書きました。

あわせて、普段のコンサルティングで同業（集客のプロ）の方々に伝えて喜ばれている内容も、随所に散りばめました。プロの方々には、社内教育や、クライアントとの前提共有などにもお使いいただければと思っています。

どんな時代も、「本当に大切なこと」はとてもシンプルです。お客さんが本当に求めている情報を、わかりやすく伝える。自分たちが提供できる価値はきちんと伝えるけれど、強引な売込みも、必要以上に自分たちをよく見せることも、しなくていいのです。

わかりやすく使いやすい、だからこそ売れる、そんなサイトが増えれば、売り手も、お客さんも、たくさんの人たちが幸せになります。

本書で紹介するサイト作りのステップを経て、どんどん注文が入り出す瞬間は、何度経験してもゾクゾクします。「**お客さんは、市場で待ってくれている**」ということを、肌で感じる瞬間です。

この本がひとりでも多くの方に届き、あなたとあなたのお客さんがもっともっと幸せになるお手伝いができることを、心から願っています。

大浦早紀子

第2章
市場で最も輝くポジションを見つける
「6つの戦略」

第5章 最速ですべてが好転する「5つの在り方」 183

本文イラスト　北川ともあき
本文デザイン　浦郷和美
DTP　森の印刷屋
企画協力　ブックオリティ

各章の成り立ち

第1章 「3つのマインドセット」

サイトをつくる前にまず知っておきたい、あまり知られていないけれど重要なことをお伝えします。

第2～4章は、実際のサイト作りのステップです。

第2章 「6つの戦略」

お客さん・競合他社のリサーチを行い、「**自社なら、どんなお客さんをどう幸せにできるのか**」を見つけます。そうして「**そもそも、誰に、何を伝えるのか**」を決めます。

建築（家づくり）にたとえるなら、家族構成や生活スタイル・価値観、現地の環境などから、実現したいことや重視したいこと、方向性といったコンセプトを決めるステップです。

第3章 「5つの設計」

第2章で決めた「お客さんに伝えるべきこと」を、より確実に、必要なタイミングでお客さんに目にしてもらえるよう、「**どこに何を書くか**」を設計します。

家づくりでいえば、コンセプトをもとに設計図を書くステップです。

第4章「16の伝え方」

第3章の設計を元に、**お客さんに向けてサイトの原稿を書く際の、考え方と基本的な手法**についてお伝えします。
家づくりでは、実際に骨組みを建て、建具や内装などで仕上げをしていくステップです。

第5章「5つの在り方」

総まとめとして本書の内容を振り返ります。
あわせて、サイトマーケティングを行ううえでの大切な「在り方」についてお伝えします —— 実はこの「在り方」が腑に落ちると、最速ですべてが好転します。「在り方」こそが、すべての行動を生み、下支えするものだからです。

各章、お忙しい方でも気軽に読みやすいよう、物語形式をとりいれました。
楽しみながら読み進めていただけたら嬉しいです。

また、巻末に、サイトの各部位の名称解説・用語集をご用意しました。
あわせてどうぞご活用ください。

この本の使い方

本書は、集客用サイトを題材としていますが、採用サイトにも、SNSなどのコンテンツコミュニケーション全般にもお使いいただけます。

サイトをすでにお持ちの方は、ご自身のサイトや普段の仕事に照らし合わせながら読んでみるのがおすすめです。

サイトがまだない方は、細かいところはあまり気にせず、わからない部分は飛ばしながら読んで大丈夫です。
そうして、実際にサイトをつくるときにもう一度開き、ガイドブックとしてお使いください。

「自分がもしお客さんだったら、こうやってつくられたサイトがあったら買いたいかな?」という視点で読んでみるのもおすすめです。

プロローグ

ミキ、“サイトマーケティング”と出会う

ミキは、カーテンの隙間から差し込む日差しが顔に当たる、その暖かさで目が覚めた。アラームなしで起きたのはいつぶりだろう。パジャマ姿のまま靴下だけ履き、コーヒーマシンをセットして、ダイニングの椅子に座り、しばしボーッとする。

「そっか、今日からもう、出勤しなくていいんだ……」

学校を卒業後、看護師となり15年。「いつか両親を看取るときに、自分が看護してあげられたら」と志した看護の道だったが、そのタイミングは思ったより早く来てしまった。母が、神経性の難病であるＡＬＳ（筋萎縮性側索硬化症）を発症。風邪で寝込むこともめったにない健康な母だったのに、発病してたったの1年で、あっという間に他界してしまった。

大阪で看護師をしていたミキは、あの元気な母がＡＬＳと診断されたと聞き、信じられない、信じたくない思いを抱えながらも覚悟を決め、生まれ育った福岡に戻った。

いつも自分のことを後回しに家族のことばかり考えていた母に、慣れ親しんだ自宅で、お気に入りの庭の木や花を見ながら過ごしてほしい。ミキたち兄弟は、実家で母を看病することを選択した。

それは壮絶な1年だった。

実家で父母と同居していた弟家族を筆頭に、ミキも看護師の仕事をしながら、毎日のように母の元に通った。東京で仕事をする姉も、月に一度帰省し、母の部屋に泊まり込んだ。

ALSは、全身の筋肉が萎縮していき、自分の意思で動かせなくなっていく病気だ。病状が進行すると、寝たきりとなり、24時間体制での看護が必要となる。その場合、家族に一番負担が大きいのは、夜間を含めて数時間おき、時には数十分おきに行う必要がある「痰《たん》の吸引」だった。

深夜に、継続して熟睡することができない。アラートに気づかず吸引しないと、窒息の恐れもある。一番苦しいのは、本人だ。それなのに、吸引が終わり一息つくと、もう言葉を発することができなくなった母は、目で「ごめんね。ごめんね」と訴えてくる。

母に、気をつかわずに安心して頼ってほしい。けれど、ミキたちは日中もそれぞれの仕事をしている。どんなに気持ちがあっても、身体が持たないのはどうしようもなかった。

そんなミキたちを大きく助けてくれたのは、訪問看護師さんたちの存在だった。

訪問看護とは、病院で医療行為・看護を行う従来の形とは異なり、患者が自宅で療養できるように、看護師が訪問して、医師の指示に基づく医療行為と看護を行うことだ。日本の現行の法律では、痰の吸引は「医療行為」となる。そのため家族の他には、法律で認められた有資格者しか行うことができないが、看護師にはそれができる。

ミキたちの場合は、実家を訪問エリア内とする訪問看護事業者（訪問看護ステーション）が存在していたため、夜間を含む訪問体制を組んでもらい、なんとか乗りきることができた。

だが、訪問看護自体、日本での普及はまだ途上だ。ステーションがない地域もまだある。これから高齢化社会が加速し、病院の病床数は明らかに足りなくなる。

ミキは、母を看取る経験を通して、訪問看護こそが自分の残りの人生をかけて取り組む仕事、母が教えてくれた天職だと考えるようになっていた。

あれから5年。

当時ミキたちを助けてくれた訪問看護ステーションに看護師の一員として勤務して、微力ながら自分にできることはやりきったと思う。

そうして今、ミキは、自らの訪問看護ステーションを立ち上げようとしていた。

これまでは、看護師として患者さんをケアし、管理職としてスタッフのマネジメントをすることがミキの仕事だった。が、新規開業となると、患者さんに自分たちのステーションを知ってもらい、訪問の契約を結ぶことから始めなければならない。

「まずはホームページをつくろう。でも、ホームページとかITとか、さっぱりわからない……。お姉ちゃんに相談してみよう。訪問看護ステーション立ち上げのこと、すごく喜んでくれてたし」

姉は、東京でサイトを使ったマーケティングのコンサルタントをしている。

子供の頃から一人で本を読んでいることが多い夢見がちな姉だった。何度言われても水のコップをテーブルの端に置いてこぼすし、家事をすればミキには理解不能なくらい時間がかかる。ついこの間も、スーパーでカートを使って大量にビールを買い込み、袋に入れた時点で「この重さ、徒歩では持って帰るの無理だ」と気づいて、店の前で立ち尽くしていた（スーパーの方にお願いし預かってもらって、何往復かして運んだらしい）。

大学時代にアルバイトしていた会計事務所は2週間でクビになっているし、そんなお姉ちゃんが独立し、コンサルタントとしていろいろな会社に行き、初対面の社長さんたちとビジネスの話をし、クビになるどころか様々な業種で売上を上げ続けているって、ミキにとってはすぐそこのキッチンでウサギが朝食用のオムレツを焼いてくれているのと同じくらい、想像がつかない。

今日はちょうど、明日の法事にあわせて姉が帰ってくる日だ。姉には前もって、ホームページのことを相談したいとお願いしておいた。午後、うちに来てくれることになっている。

「いよいよだなあ、楽しみ。少し掃除でもして、準備整えておこう」

ミキは腰を上げて、大きく伸びをした。


「ただいまーーー、ひさしぶり！」

お昼を食べてひと息ついたころ、姉のサキがやってきた。

「おかえりーーー、今日はありがとうね。移動疲れたでしょ、上がって上がって」

サキは手を洗い、ひさしぶりのミキ宅のダイニングに座った。ミキもコーヒーを淹《い》れて、サキの向かいに座る。

姉妹がひさしぶりに会うと、話がつきない。ひとしきりキャーキャー盛り上がった後、サキが言った。

「で、今日はサイトの話だよね。その前に、まずミキに見せたいものがあるの」

そう言って、小さな紙切れを取り出した。

紙切れと思ったものは、舞い散る桜の花びらが水彩で描かれた小さな便せんだった。そこに、5つほどの文章が箇条書きで書いてある。

「これは？」

「おじいちゃんが亡くなったとき、形見分けで、私、何冊か本をもらったじゃない？　その中に挟まってたの。

当時は私も高校生だったから、全然意味がわからなかったんだけど、今、この仕事を12年やって改めて見ると、当時も今も変わらない、ビジネスと集客のシンプルな本質が書かれているんだよね。おじいちゃんがやってたのは、実際にお店がある店舗ビジネスだけど、私のサイト作りとも共通する、原理原則なの」

母方の祖父は、長崎市内で電気店と文房具店をチェーン展開する事業家だった。

「ちょうどいいから、今回のミキへのレッスンは、この『おじいちゃんの教え』をベースに進めてみようと思う」

「ちょっと待って、私がつくろうとしているのはホームページだよ？　実際に店舗があるお店じゃないよ。それに、おじいちゃんの事業が成功していたのって、何十年も前でしょう。今とはだいぶ状況が違うんじゃない？」

「そう思うよね。でも、**お店かサイトかという形態が変わっても、どんな時代でもどんな業種でも変わらない、不変の共通原理**ってあるんだよね」

サキは続けた。

「コンサルタントって、それまで自分の生活では馴染《なじ》みがなかった業種や業態で、成果を出し続けるのが仕事なの。例えば法人向けの、初めて名前を聞く産業用機械を売ることもあるし、私は女性だけど男性向けの商品を売ることもあるよ。そして、それでも安定して私が成果を出し続けられているのは、実はこの『原理原則』がわかっているからなの。

もちろん、業種や時代にあわせて具体的なやり方を変化させることは必要だよ。でも、この不変の原理原則があるからこそ、適切な方法論を選んだり、時代にあわせてやり方を進化させたりできるんだよね。

私はこの世界に入って12年になるけど、その間にWEBマーケティング業界も大きく変わった。でも、変わらないこともあるんだよ。そこを整理して考えられるようになると、情報があふれかえっている中で、視界が急にクリアになるよ」

「……」

「そして、これらが実行されたら『売上が上がってあたりまえ』になること、ミキもきっとレッスンが終わるころにはわかるようになると思う。『おじいちゃんの教え』は実店舗について書いてあるけど、サイトに当てはめた場合として、説明するね」

「じゃあ始めるね。メモの用意はいい？」

サキは、祖父の便せんをミキに渡し、資料が入ったノートパソコンを開いた。

祖父の便せんには、少し震える筆跡で、以下の言葉が書いてあった。

一、支出は、その金額ではなく回収効率で考えよ
二、「お客様がわざわざ自社を選ぶ理由があるか」を考えよ
三、店内外の陳列は、お客様の動きを想定して設計せよ
四、接客では、売ることを忘れお客様の補助に集中せよ
五、企業にとっての利益は、人間にとっての食料である

第1章

サイトの力を最大化する

「３つのマインドセット」

祖父の教え　支出は、その金額ではなく回収効率で考えよ

「今日はまず、サイト集客のいちばんの基本となる考え方から教えるね。これだけでもだいぶ頭がすっきりするはずだよ。最初はちょっと耳慣れない話も多いかもしれないけど、ポイントだけ理解すれば大丈夫だから」

「うん」

「ミキも知ってるとおり、私の仕事は『サイトから集客して、売上・利益という成果につなげる』こと。この仕事の内容をいちばんシンプルに言うと、たった2点に集約されるの。

①いかに、サイトにお客さんを集めてくるか
②集めて来たお客さんに、どれだけ高い確率で、購入や問合せ、見積依頼などの行動を起こしてもらえるか

言い換えると、①『サイトへの流入（アクセス）数』と②『反応率』、このふたつがサイト集客の両輪なんだよね」

サイトから売上につなげるには
「流入（アクセス）数」と「反応（コンバージョン）率」が両輪

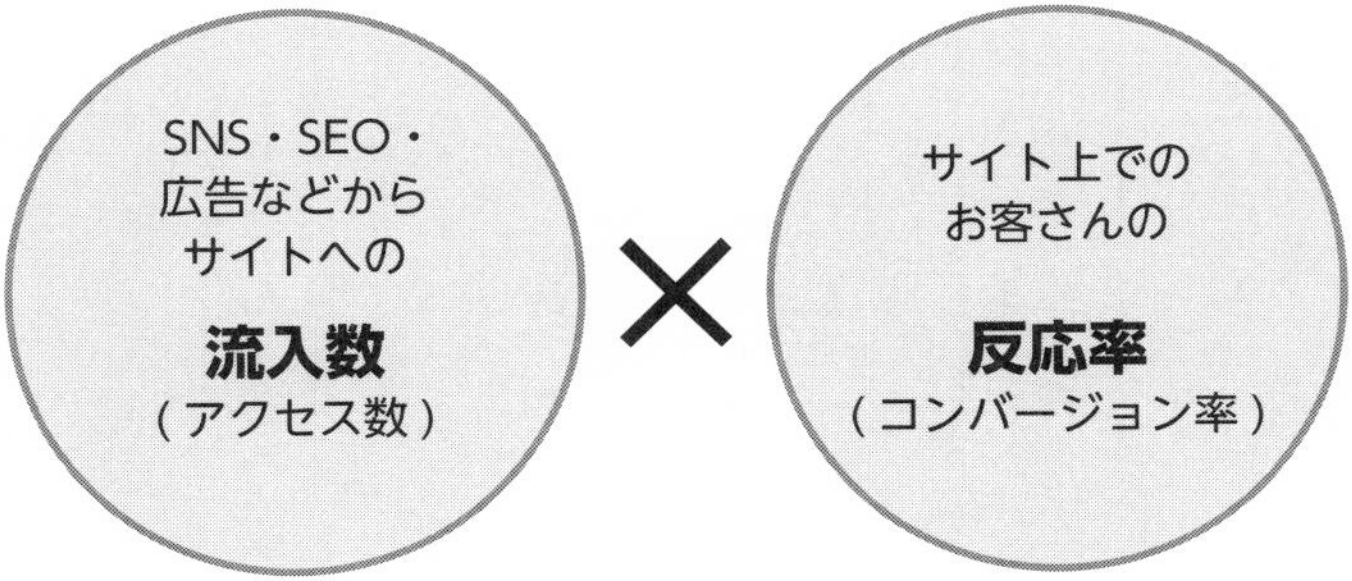

＝購入、問合せなどの数（コンバージョン数）

※コンバージョン＝サイト上でお客さんが売り手に対して行動を起こすこと。
例えば購入や問合せ、見積依頼など。

サキはそう言って、レポート用紙を取り出し、大きな丸をふたつ書いた。

「サイトへの流入数と、反応率……」

「うん。そして、**サイト上でお客さんが購入や問合せ、見積依頼といった売り手への行動を起こすことを『コンバージョン』、その確率（反応率）を『コンバージョン率』**と言うよ。『コンバージョン』は、日本語で『転換』という意味だから、『見込みがあるお客さんが、自社の顧客に転換する』という意だね。今回はできるだけ難しい専門用語は使わないでレッスンを進めていこうと思ってるけど、『コンバージョン』はいろんなところで出てくる重要な言葉だから、まずこれだけは覚えてね。

あ、ミキの場合は患者さんやご家族を『お客さん』とは呼ばないと思うけど、このレッスンでは便宜上、お客さんとして説明するよ」

サキはそう言いながら、計算式を書き足した。

流入（アクセス）数×コンバージョン率＝コンバージョン数

「SNS（Twitter・Facebook・YouTubeなどのソーシャルメディア）とか、

SEO（検索エンジン最適化。Googleなどの検索結果で表示・クリックされやすくすること）とか、広告とか、いろいろなWEBマーケティングの手法を耳にすることもあると思うけど、サイトマーケティングの視点では、これらはすべて『見込みのあるお客さんをサイトに集めてくるための施策』なんだよね」

「なるほど……WEBマーケティングって、あれがいいこれがいいって聞いて迷っちゃうけど、まずはこのふたつを分けて考えられると、グッとわかりやすくなるね」

「うん。そして『流入数』と『コンバージョン率』はかけ算だから、どちらかがゼロ、もしくはゼロに近い数字だと、サイト集客の成果であるコンバージョン数も、限りなくゼロに近い数字になってしまう。**どんなに流入数を集めても、サイトのコンバージョン率が低いと、ザルの目からお客さんがこぼれていってしまうように、大きな売上にはつながらないの**」

サキが図を書き足す。

「たとえば広告を出してサイトに誘導していて、お客さんが１人成約したら５万円の売上が上がる場合。

10万円の広告費で、サイトを見たお客さんが１人しか成約しなかったら、売上５万円－広告費10万円＝マイナス５万円で、大赤字だよね。

でも20人成約したら、売上100万円で、成約1件あたりの広告費は5千円。広告費を引いても90万円が手元に残る。

かなり単純化した例だけどね。

『20倍も違うなんてことがあるの？』と思うかもしれないけど、12年この仕事をしていろんなサイトを見てきて、『マーケティングをまったく考慮してないサイト』と、『これからミキにレッスンする内容でしっかりつくりこんだサイト』だと、これくらいの差が出ることもザラにあるんだよね。状況によっては、もっと伸びることもあるよ」

「サイトのつくり方でそんなに差が出るの……知らなかった」

ミキは図を見ながらコーヒーを一口飲み、ダイニングチェアの背もたれに背を預けた。

「そうだよね、私はいつもこの数字に向かい合って仕事をしているけど、これはやってみた人にしか分からないから、一般の方は知らなくて当然だと思うよ。そこを伝えていく責任が、私たち専門家にはあるんだけどね」

「でも私、広告まで出すつもりはとりあえずないんだけど」

「うん、望む集客規模にあわせて、営業やSNS、（広告ではない）検索から充分サイトを見てもらえるようだったら、それでもいいと思うよ。でも、営業もSNSもSEOも、一見無料だけど、人件費という形でコストはかかってるんだけどね」

同じ広告費をかけても、サイトのコンバージョン率次第で費用対効果が大きく変わる

10万円の広告費をかけてサイトに誘導。お客さんが１人成約したら５万円の売上が上がる場合

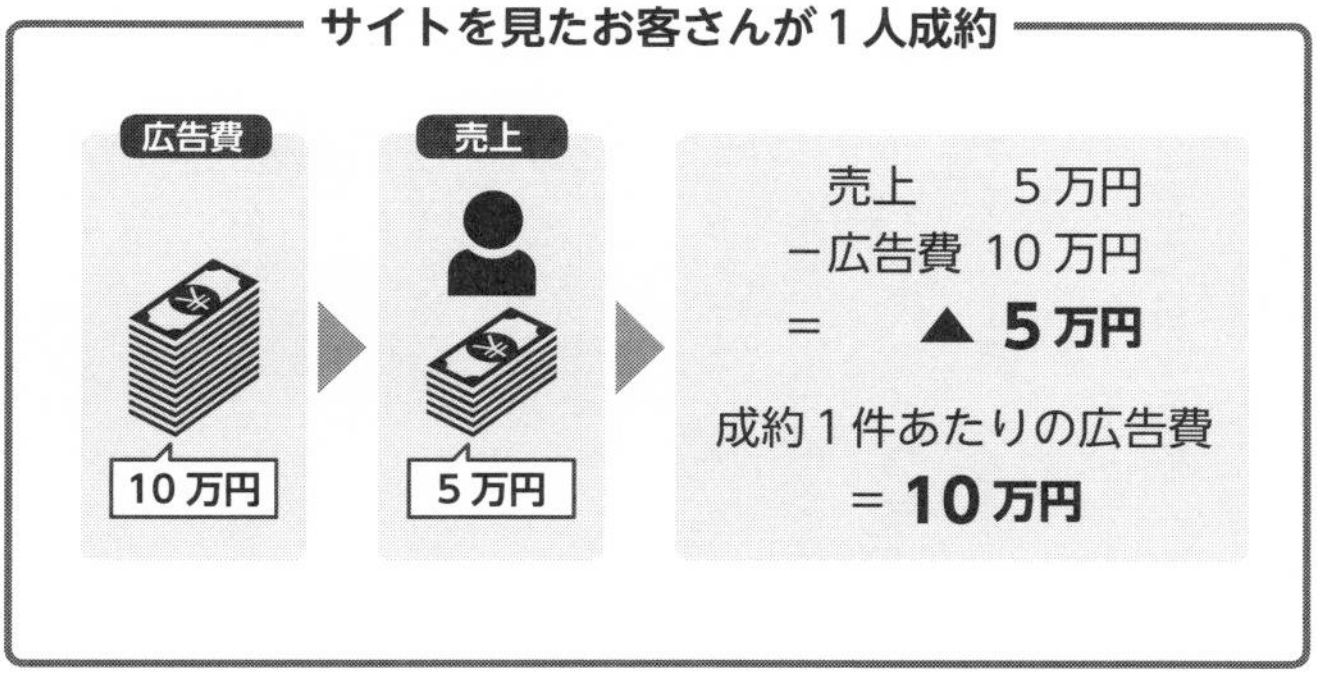

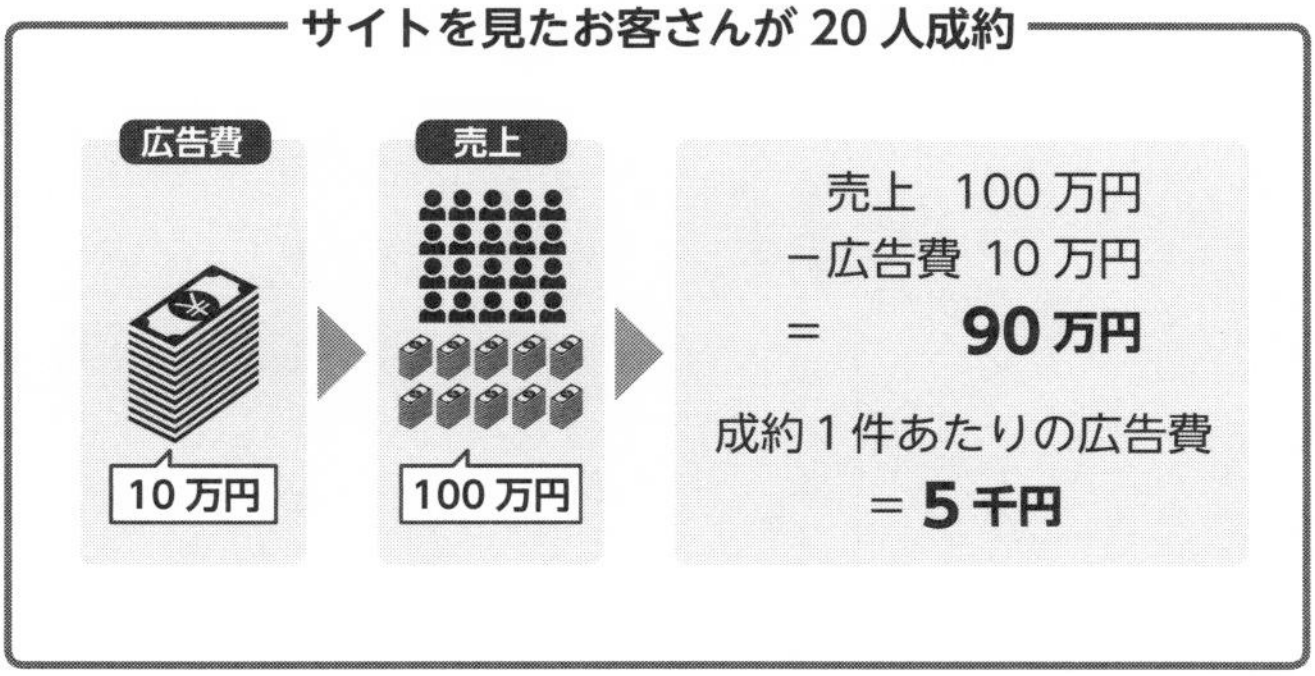

「あ、そっか」

「そしてサイトのコンバージョン率が高いからこそ、広告を出しても採算が合いやすいし、流入施策の選択肢も広がる。

広告に関しては、最初に広告費としてお金が出て行ったとしても、より多くの売上として返ってきて、原価やその他の経費を引いても差し引きで残るお金のほうが多く、採算が合うのなら、経営的にもそのほうがいいし、求めていた商品やサービスに出会えたお客さんも喜んでくれる、という考え方だよね。広告は、無料の手段に比べて、例えば掲載内容とか広告主側でコントロールできることが増えるし、結果が出るのも速い。手間と時間、確実性をお金で買っている、ということだね。

そしてここで大切なのは、**出費の金額そのものではなく、「どれくらい大きくなって返ってくるか＝費用対効果」にフォーカスする**こと。広告に限らずだけど、おじいちゃんのメモに書いてあるこれは、そういうことなんだと思う」

一、支出は、その金額ではなく回収効率で考えよ

桜の便せんに書かれた祖父の文字を指しながら、サキが言った。

「おじいちゃんもそうやって、少しずつ事業を大きくしていったんだと思う。
私がお父さんの会社で初めてサイトをつくって広告を出したときは、『今までこんなに出会うべきお客さんがいたのに、お客さんに気づかせることなく、目の前を通り過ぎさせてしまっていたんだな』と気づいて愕然としたよ。知ったら喜ぶお施主《せしゅ》様たちがいっぱいいるはずなのに、って」

ミキとサキの父は、父方の家業である社寺建築の会社を経営していて、子供たちの学校が休みの日は、よく九州中の現場に連れて行ってくれた。

当時、社寺建築業界では、お施主様との接点は営業が一般的だった。父の会社は、ほとんどの仕事が代々続くご縁やご紹介によるものだったが、インターネットが普及し、「私たち世代が施主になるころには、検索して建築業者を探すお施主様も増えるんじゃないかな」と考えたサキは、マーケティングの勉強をし、父の会社のサイトを立ち上げ、広告を出したのだった。

「お父さん、お姉ちゃんがつくったホームページ、すっごく喜んでたね」

「うん、お父さんも、そしてサイトでお父さんの会社を知ったお施主様たちもすごく喜んでくれて、私もとっても嬉しかったよ。……お母さんのお葬式をしたあのお寺さんとのご縁も、サイトがきっかけだったんだよね」

そうだった――ミキは思い出していた。

サキがつくったサイト経由の成約第1号となった、実家から車で30分ほどのお寺の、本堂新築工事。ミキ達家族は、それから9年後、弟夫婦の発案で、闘病ののち旅立った母の葬儀の場所にその本堂を選んだのだった。

母は、父と大工達が建てるお寺や神社が大好きで、彼らの仕事を支えることを自身の使命としていた。快晴の秋空の下、父が設計したまだ木の色が新しい本堂で、寂しくてたくさん泣いたけど、でも、あの場所で見送れたことを、母はきっと喜んでくれたと思う。


「サイトをつくった当時は、まさかそんなことになるなんて思ってもみなかったけど……今こうして振り返ってみると、改めてご縁の流れを感じて。本当に、ご縁って不思議だね」

「うん……ありがたいね」

ふたりは目を合わせて、どちらからともなく口元を微笑ませ、うなずきあった。

「各種広告やその他の流入施策については、望む集客規模に応じて、ポイントを押さえて順番にやるといいと思う。流入数は、『Googleアナリティクス』などの無料ツールでも確認できるから。ミキの場合は、営業やご紹介経由でサイトを見てもらうことも見込めそうだし。特に起業初期は、人手にも資金にも限りがあるしね。

ただ、どうやってサイトを見てもらおうかな？　という視点はあわせて持っておいてね。そのための考え方と、優先順位の判断にも、このレッスンで伝えるマーケティング思考が役に立つはずだよ」

「そっかあ！　楽しみ」

「とにかく今の段階では、**『サイトのコンバージョン率が、流入施策にかけるコストの費用対効果を握っている』**ということだけ理解してもらえればＯＫ。

サイト制作費も広告費も、ＳＮＳやＳＥＯにかかる人件費も、**集客にかかるコストは、単なる費用ではなく、売上・利益というリターンを見込んでお金を使う『投資』**。

お金の『循環』を意識して、目先の支払金額ではなく、大きくなって返ってくるところに思い切って投資できる企業・個人ほど、伸びていくよ。

そして、投資先を判断すべき手持ちの資源って、実はお金だけじゃない。時間や手間や情熱も、私たちが持っている大切な資源なんだよね」

＊＊＊

――さて、次のページからいよいよ、サキの特別レッスン本編が始まります。ミキと一緒に、どうぞお楽しみください。

マインドセット
01

売上は、サイト次第で「10倍」にも「半分以下」にもなる

マーケティングコンサルタントとなった2008年から12年間、私は様々な業種・業態で2000回を超える相談を受けてきました。その中で見てきたサイトのコンバージョン率（お客さんが、サイト上で購入・問合せなどの行動を起こす確率）は、おおまかに次のような数値でした。

- マーケティングをまったく考慮していないサイト＝0・1〜0・5％
- 一般的なWEBマーケティングテクニックをとりいれた、売れているサイト＝1％
- 本書でお伝えするメソッドでしっかりつくり込んだサイト＝2％、3％、4％〜・・・

※一般に名前が知られていない中小企業・個人事業主の場合
※SEO検索結果・検索連動型広告から流入した場合
（コンバージョン率＝コンバージョン数÷セッション数）

実際には「社名など、固有名詞検索の割合」「地域ビジネスか、全国対象か」「流入ユー

ザーとのマッチング、見込み度合い」「客単価（成約1件あたりの売上）」「スマホ、パソコンなどのデバイス」「季節変動」などでも数値は変わるので、一概には言えないのですが、ここでは目安として「サイトのつくり方次第で、これくらいの幅が出る」ということをおさえていただければと思います。

コンバージョン率がこれだけ違うということは、**サイト制作費・広告費・人件費を同じようにかけても、費用対効果がこれだけ違う**ということです。そしてこの差は、**時間が経つごとに利益、または損失としてどんどん増幅されていきます。**

コンサルタントという仕事上、私は、サイトの立ち上げや改善をしたときは、必ずその結果であるコンバージョン率を確認します。また、最終的な成果である売上・利益の数値も、クライアントから共有いただきやすい立場にいます。サイトの記載内容が、その会社の内部にどう影響を与えるのかも、実際に顧問先を訪問し、リアルタイムで共有いただだいてきました。あまり世に出ていないこれらのことを、中小企業や個人の方に広くお伝えせねばと思ったのが、この本を書こうと思ったきっかけです。

伝わったら喜ばれる商品・サービスを持っているのに、伝え切れていない会社がたくさんあります。

サイトのつくり方次第で売上にこれだけの差が出ると知らずに、サイトリニューアルしてしまい、リニューアル前より売上を落とす例も、残念ながらよく見かけます。コンバージョン率を上げたいと思っていても、その成功確率を上げる方法がわからず、リニューアルが「賭け」になってしまっているケースも多く見かけます。

本書のメソッドは、そんなサイト作りの成功確率を上げるために、現場で12年間検証しながら磨いてきた方法です。その中でも時代や会社ごとの環境に左右されにくい、普遍的な法則だけを選び抜きました。

全国区の激しい競争市場で多額の広告費をかけているサイトの場合は、精密なつくり込みが必要で、３００点の完成度が求められます。ですが、広告を出さず、営業の補助ツールとして使うような位置づけでしたら、60～70点くらいの完成度でも充分です。

その場合もぜひ、第2～4章でご紹介するサイト制作のステップを「ひととおり」、自社に当てはめてみてください。それぞれがバラバラではなく、すべてがつながることで、確実な成果を生むことがわかると思います。この**全体像と、それにより得られる「どこが伸びしろか」の感覚が、とても重要**です。

マインドセット 02

サイト作りは経営直結の課題である

一般的には、「マーケティング」というと「販促活動」だと思われていることも多いです。ですが、それはマーケティングの「一部分」に過ぎません。

企業が生きていくためには、競合他社や代替選択肢との比較の中で、お客さんに選ばれ、買ってもらわないとなりませんよね。でないと、人間が食事をとれないのと同じで、死んでしまいます。その、企業の生存に関わる「お客さんのニーズに対して・競合との比較の中で・自社なら何を提供でき、選ばれるか」を、市場という外界に触れながら、周りとのバランスの中で考える。そうして、それがスムーズに伝わるよう発信するのが、「マーケティング」なのです。

企業が自社のあり方を考える、一番本質的な場所が「マーケット」です。市場を起点としてすべてを考え、整えられる組織は、生存確率が上がります。これは私がマーケティングコンサルタントだから言うのではありません。前述のとおり、マーケットこそが、企業の生存可否を決める場所だからです。

そしてサイトは、その発信のための御社を代表する一番の媒体であり、**オンライン上での御社の分身**となります。まだ接点がない初めてのお客さんや、取引を検討している方、入社希望者にとって、サイトの情報は「御社そのもの」です。

私のクライアントでも、伸び続けている会社・うまくいっている会社ほど、社員数百人以上・年商数十億円規模の企業でも、**担当社員だけでなく、経営者自らが打合せに参加されています。実はこれが、サイト作りそのもののノウハウと同じくらい、成果を出すための大きなポイント**です。

経営者がいると、市場の情報をとりいれた商品・サービス改善の意思決定もその場ででき、スピード感がグッと上がります。また、作成した戦略を実行し、コンテンツを作成するには、社内の体制を整える必要も出てきます。市場のリアルな情報をインプットすることは、正確な経営判断にも役立ちます。社員たちと、市場視点・経営視点をとりいれたディスカッションも、その場でできます。

サイト作りやマーケティングで長期的に大きな成果を出すには、まずはサイト作りを経営に直結する課題として捉え、経営者がその重要性と考え方を理解することが早道なのです。

マインドセット
03

集客コストは単なる費用ではなく「投資」である

集客コストは、ただの「費用」ではなく、売上というリターンを生む「投資」です。

その中でもサイト制作費は、サイトを見てもらうためにかけたコストがどれくらいの売上・利益となって返ってくるかを数年にわたり左右する、大きな鍵となります。

お客さんが求めている情報をわかりやすくサイトに掲載すると、求めていた情報や商品・サービスにスムーズに出会うことができたお客さんが喜びます。その結果、売上が上がります。

さらに、顧客対応スタッフも楽になります。お客さんが、サイトで事前知識を得て問合せしてきてくれるからです。**サイト作りとは、強力な「仕組み化」**でもあります。

サイト作りは、「投資のしどころ」なのです。

とはいえ、もちろんお金も時間も、無限にあるわけではありませんよね。

特に中小企業・個人事業主は、大手企業と同じことをしていると、採算が合いません。

同じコストをかけても、事業規模が違う、すなわちリターンの大きさが違うからです。

本書メソッドでは、ポイントをおさえ、やればやるほど「売り手も買い手もみんな幸せ＝成果」に近づくところはしっかりやります。が、やらなくていいことはやりません。

サイトの制作方法について、たとえば起業当初や個人事業など、手持ち資金や売上規模に限りがある場合、また、顧客や関係者などすでに知り合いの方に見てもらうのが主な場合などは、自作できる無料ツールでまずはつくってみるのでもＯＫです。

ただしその場合、既存のテンプレートやシステムを使うので、制作会社に依頼してつくる「フルオーダーメイド」に比べ、どうしてもカスタマイズ性は低くなります。

それでも、商品・サービスに興味を持った方・購入を検討している方にとって、「**必要な情報がすぐ見つけられる公式サイトがある**」というだけで、ずっとわかりやすく、購入しやすくなります（ＳＮＳアカウントだけでは、いざ必要なときに過去の投稿をさかのぼって探すのは大変です。プロフィール欄の情報量にも限りがあります）。

また、サイトをつくって公開することで、お客さんの反応など「やってみないとわからなかったこと」が蓄積されていきます。それをふまえて、タイミングを見て制作会社に依頼し、リニューアルをするのもおすすめです。

これに対し、全国規模の通販、知り合いや紹介だけでなく見知らぬ人にも買ってもらいたい場合、サイトからの集客を事業の柱としたい場合、自作では企業規模にそぐわない場合などは、高い完成度が求められますので、サイト制作会社（もしくはフリーランスの個人）に依頼することになります。

私自身はいつも、コンサルタントという第三者として、依頼主と制作会社とともにプロジェクトに参加していますが、サイト制作という業務は専門性が高く、慣れていない方にはとてもわかりにくいんだなあ、と痛感します。

制作費の投資判断にあたり、依頼主側としてまず知っておきたいのは、**制作会社にとっては「手間＝時間＝人件費」**だということ。

サイト制作会社の「手間」は、たとえば飲食店でいえば「材料費」と同じ。制作側にも生活があり、社員やその家族を守らないとなりませんので、制作費が安ければ安いほど、そのサイトには手をかけられなくなってしまいます。高いものがすべてよいとは限りませんが、あまり安いものには理由があります（でないと、存続できません）。

ここはぜひ、支出金額そのものにこだわって少しでも安いところを選んだり、値切ったりするよりも、制作側にしっかり手をかけていただいて、**投資したぶんのリターンを最大にする＝コンバージョン率を最大化することにフォーカスする**のがおすすめです。

売れるサイトをつくることができれば、制作費をいくらか抑えるよりもずっと大きな金額になって、あっという間に返ってきます。

また、制作会社には「**①サイトの主な目的は、コンバージョン獲得（集客）**」「**②サイトの内容次第で、コンバージョン率に10倍以上の差が出る**」この2点を、ぜひあわせて伝えてください。

デザイン・制作業務には、いろいろなものがあります。

たとえばパンフレットやポスター、チラシ、書籍や雑誌といった紙媒体。

ウェブサイトに特化した制作会社でも、集客用サイトがすべてとは限りません。顧客との絆作り、ブランディングや情報発信が目的のサイトもあります。

また、大手企業と中小企業では、知名度や販路、出稿している広告などの前提が大きく違うので、評価指標も変わります。

ですので、前述のふたつの前提から、共有の必要があるのです。

サイト作りの中で、売り手が知っておきたいのが、「**戦略作成**」「**情報設計**」「**原稿作成**」の3つのステップです。

「売り手もお客さんもみんな幸せ」につながる
サイト作り３つのステップ

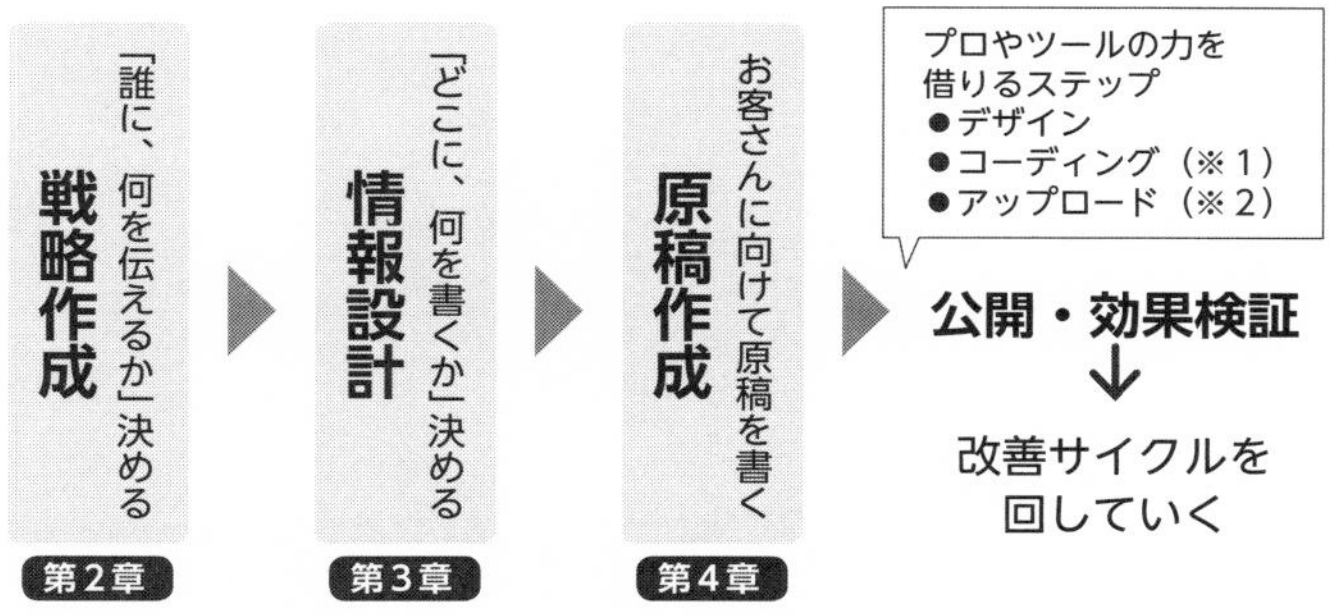

※１　コーディング＝ウェブサイトとして閲覧できる形のデータを作成すること
※２　アップロード＝データを、インターネット上に公開すること

「戦略作成（第2章・6つの戦略）」では、自社らしさを活かしながら「そもそも、サイトで誰に何を伝えるか」という基本方針を明確にします。

「原稿作成（第4章・16の伝え方）」では、「戦略作成」で決めた「伝えること」を、お客さんに向けて語りかけていきます。

いずれも、たとえ同じ業種でも最適な形は売り手によって違います。

そして、その核として必要なのは、売り手本人だからこそ知ることができる現場での膨大な顧客とのやりとりであり、業界知識・実務経験であり、商品やサービスへの思いであり、主体者としての売り手の意志なのです。

これらのステップは、「時間・手間・情熱」の投資のしどころ。「制作会社にすべてお任せ」ではなく、売り手が主体的に関わることで「売り手も買い手もみんな幸せ＝成果」につながります。そのうえで、プロに引き出してもらったり、整えてもらったり、客観視点を借りたりするのはとてもよいと思います。

「戦略作成（第2章）」と「原稿作成（第4章）」の間に入る「**情報設計（第3章・5つの設計）**」では、必要な情報がより確実にお客さんの目に触れるよう、原稿を書く前に「どこに、どの情報を配置するか」を考えます。

少しだけ専門的な内容ではありますが、専門外の方でも、ちょっと知っておくだけでパッと成果が出やすいところです。「ここにあった情報をこっちに移動しただけで、お申込みが○倍になりました」といったご報告も、よくいただきます。サイトに限らず、メールやSNS、チラシ、広告、実店舗の店外ディスプレイといった、コンテンツを使ったコミュニケーション全般にお使いいただけます。

いずれも、サイトのフルリニューアルはもちろん、それに限らずきっと何らかの御社の伸びしろが見つかるはず。まずはすぐできることから実践して、大きな投資費用対効果を得ていただけたら、とても嬉しいです。

＊＊＊

「——さて、今日のところはここまで。どうだった？」

「うん、サイト作りが投資のしどころで、自分たちらしさを活かしてしっかりつくると、売上が上がるのはもちろん、お客さんも幸せになるというのはよくわかった。ワクワクと、『できるかな？』って思いが半々だけど、やってみる。

制作会社を探すときに気をつけることや、選び方のポイントはある？」

「そうだね、実はこれも、**依頼主側の『戦略』がしっかりしていることが何より重要**なんだよね。たとえば適した色選びやデザインのテイストも、売り手によって千差万別。その判断基準となる『戦略』がしっかりしていれば、プロも適切な提案がしやすくなるよ。

そのうえで、システム周りが強い会社、デザインに強い会社、といろいろあるから、依頼する前に具体的な制作実績を見せてもらうこと。周りで実際にサイト運営している方がいれば話を聞いて、いいなと思う制作者を紹介してもらうのもいいと思う。

プロジェクトが動き出すと、必ず、『仕上がりを見て、調整』したいことが出てくる。存分に修正を依頼できるよう考慮した見積にしてもらうか、別料金の場合は修正費用を確認する。第1案の仕上がり予定日と、その後の修正の反映日数の目安も確認しておくこと。

戦略や原稿、写真をこちらから渡す場合は、それを伝えて、役割分担を明確にしておくと、無駄がない正確な見積を出してもらえる。

逆に、依頼主の都合で、たとえばページ数が増えるとか、見積時とは前提が大きく変わる変更や追加をしたい場合は、別見積になるのが通例だよ。

予算を削りたい場合は、そのぶん、資料をわかりやすく整理して渡すとか、修正依頼の一覧表をつくって管理の手間をかけさせないとか、自分たちでできる作業はやるとか、制作側に少しでも手をかけさせないよう心がける。制作側も本来の作業に時間使えるし、気持ちが伝わることで、できるだけのことをしたいと頑張りたくなるんじゃないかな。

修正依頼だけでなく、いただいた案でいいなと思った点もあわせて伝えると、いいものをつくろうと頑張っている方ほど、嬉しいと思うよ。

あっ、サイトを公開後の更新も重要だから、更新体制も事前に相談しておいてね」

「ちょ、ちょっと待って、たくさんあるね！　メモしとく！」

ごめんごめん、と言って笑いながら、サキはミキがメモし終わるのを待った。

「私は立場上、サイト公開後の数字やお客さんの反応、社内状況まで共有していただきやすいけど、一般的に、制作者は『納品』までが仕事であることが多いんだよね。

公開後の結果を、可能な範囲で制作側にもフィードバックできると、制作側のノウハウもたまっていくと思う。売り手と買い手のコミュニケーション効率がよくなって、マッチング精度が上がり、サイトのコンバージョン率が上がると、売り手も買い手も幸せになるから、私はもっとこのことを世の中に伝えていかなければと思ってるよ」

サキがコーヒーカップを置き、続けた。

「あとは、相性もあるし、お互いが『依頼主だから』『こっちはプロだから』ではなく、双方の視点を融合して『最高のものをつくりたい』という思いが共有できるといいよね。そのためにはやっぱり、払うものは気持ちよくお支払いする。決めたからには信頼する。お礼は都度伝える。そうして、意見や希望は遠慮せずに伝えるのがいいと思うよ」

「うん、ありがとう」

ミキがメモを見ながら言った。

「そういえばこの間、税理士さんを検索で探してて、いいなって思うホームページがあったの。税理士事務所のホームページは他にもたくさん出てきたけど、そのサイトがダントツで安心した。その先生と契約することにしたから、今度、制作会社の話を聞いてみる」

「うん、いいね!!　――そうだ、明日のレッスンから、いよいよ具体的なサイト作りのステップに入っていくんだけど。その前にひとつ、私からの宿題があるの」

サキがパソコンを閉じながら言った。

「このレッスンを受けながら、**毎日の自分の『買い物行動』を観察**していってほしいの」

「買い物行動を観察？」

ミキもコーヒーを一口飲み、サキの言葉を聞き返した。

「うん。そして、ネットで売るならネット、スマホで売るならスマホ、検索から売るなら検索で、自分で買ってみる。SNSから売りたいならそのメディアを実際に使ってみる。

その視点を持ってみるだけで、気づくことがたくさんあるはずだよ。

ミキが今話してくれた、税理士事務所を検索で探したエピソードも、いい経験だよね。たとえば、この書き方だと自分はわからなかったな、ここに大事なこと書いてあったけど見つけられなかったな、とか。逆に、わかりやすかった、見つけやすかった、とか。こういうものを買うときに自分が気にしているのはこんなことだな、とか。これがわからないと買えないな、これを見てこう感じたな、とか。こういうサイトだと安心できたけど、こういうサイトのこういうところには不安になったな、とか。

まずはそういう経験を、自分の中にどんどん蓄積していってほしいの」

「なるほど……。でも、みんながみんな、私と同じ感じ方をするわけじゃないよね？」

「そのとおり。でも、『自分以外の人はどうだろう？　多くのお客さんはどうだろう？』と想像するにも、『自分自身の経験』がすべての礎《いしずえ》になるの。しかも、観察に費用はかからないし、買い物をしない人はいない。マーケティングの専門教育を受けていなくても、

視点を持つだけで、机上の勉強以上のヒントが、毎日の生活の中にあふれているよ。

実は私自身、お父さんの会社のサイトをつくるための勉強中に、受講したセミナーで『ネットで売りたいなら、ネットで買い物をすること』って言われて、愚直に実行したの。シャンプーから洋服から、買い物はほぼすべて、ネットに移行した。そうしたら、たったの一年で、コンサルタントにならないか、ってお声がけいただいて」

「うん。お姉ちゃんがマーケティングのコンサルタントとして転職することになった、って聞いたときは、本当にびっくりしたよ」

サキが笑った。

「ここまでやるのはちょっと極端な例だと思うけど、ぜひ意識してやってみてね。今回のレッスンを、『もし、自分が（売り手側ではなく）お客さんだったら？』という視点で聴いてみるのも、とってもいいと思うよ。

買うことを決め、行動するのは、『お客さん』というひとりの人間。だから、『人間』の行動原理を知らないことには始まらない。マーケティングとは、人間観察、人間の行動原理を知っていくことでもあるんだよね。

そしてそれは、サイト作りだけじゃなく、今後ビジネスをしていくうえで、ミキの大きな財産となっていくはずだよ」

・コンバージョン率＝サイトを訪れたお客さんが、購入や問合せなどの行動を起こす確率

・「流入（アクセス）数」と「コンバージョン率」が、サイト集客の両輪

・SNS や SEO、広告がどれだけ問合せにつながるかは、サイトのコンバージョン率次第

・集客にかかるコストは、単なる費用ではなく、売上・利益を見込んだ「投資」

・「どこが伸びしろか」を知るためには、全体像を知ること

・企業が自社のあり方を考える、いちばん本質的な場所が、市場。まずは経営者が、マーケティングを理解すること

・サイト作りは、最初は無料ツールでも OK。制作費を少しでも安くするより、コンバージョン率を上げることにフォーカスする

・サイト作りの３つのステップ「戦略作成」「情報設計」「原稿作成」に、売り手が主体的に関わることで、売り手もお客さんも幸せになる！　ここは時間・手間・情熱の投資のしどころ

・制作会社に見積依頼するときは、今日のメモを見返すこと！

・まずは自分の買い物行動を観察！

第2章

市場で最も輝くポジションを見つける

「6つの戦略」

祖父の教え

「お客様がわざわざ自社を選ぶ理由があるか」を考えよ

「ふあぁーー、ほぐれたねーーー!!」

ミキとサキの実家にほど近い、歴史ある温泉旅館。今日はしとしと、雨が降っている。お昼前からの法事の後、サキが泊まっているこの宿にミキが合流し、ふたりは早速、岩づくりの荘厳な天然温泉を満喫したのだった。

ホカホカに温まった浴衣姿のミキとサキは、下駄をカラコロ鳴らしながら、部屋に戻ろうとしていた。

「ここの温泉、奈良時代から1300年湧き続けてて、万葉集にも歌われてるんだって。菅原道真公も入ったのかな」

髪の水滴をタオルでおさえながら、サキが言う。

渡り廊下の両脇は広大な日本庭園で、様々な深さの緑が、しっとりした雨で清々しく際立っている。ふたりはふと足を止め、少しの間、乳白色と緑色の世界に見惚れた。秋口の少しひんやりし始めた風は、湿度のおかげで適度に滑らかで、湯上がりの肌に心地がいい。

部屋に戻り、畳の上でのストレッチを完了したサキが、座卓にパソコンをセットしながら言った。

「落ち着いたらそろそろ、今日のレッスンを始めようか」

「うん！　お願いします。……あれ？」

座卓の上にはパソコンと資料と一緒に、冷えた瓶ビールとグラスもセットされていた。

「温泉、ストレッチ完了、ときたらやっぱりビールだよね♡　今日はオフだから、のんびりモード、ちょっと早いけど食前酒いただきながらの講義にしようーー」

「お姉ちゃん、まったく。……でも、うん、湯上がりときたらやっぱりビールだよね♡」

ふたりはグラスにビールを注ぎ、乾杯した。


「さて、今日からいよいよ、売れるサイト作りのステップの話に入っていくね。……なんだけど、今日はまだ、サイトの具体的な中身の話はしないよ」

「え？　そうなの？」

ミキは、ちょっと拍子抜けした。

「うん。サイトをつくり始める前に、せっかくの努力を『正しい努力』にするための作戦を立てるの。でないと、売れるかどうかが『ばくち』になっちゃうからね。この作戦のことを『戦略』と言うよ」

「あ、前回のレッスンで『基本方針を明確にする』って言ってたステップだね」

「うん。**まずは、『誰に、何を伝えるか』を決める。**でないと、何を書くかも、メニューやキャッチコピー、写真や色、サイトのデザインをどうするかも、何も決められない。

たとえば洋服も、その人のキャラクター、顔立ち、体型、骨格で、似合う・似合わないがあるよね。そして、本人の好みやどうなりたいか、仕事着の場合はどういう仕事かでも、フィットする服装は変わる。ミキに似合う服と私に似合う服って、違うよね」

「たしかに。私たち、全然路線が違うよね」

顔も体型も、ミキは父親似、サキは母親似だった。性格も好みも、全然違う。

「それと同じで、**『売れるサイト』の形も、決してひとつじゃない**んだよね。他の誰かのための方法論が、自分に最適とは限らない。『どこかで見たような、それっぽいサイト』をつくろうとしなくていい。むしろそうすると、『その他大勢』の中に埋もれていっちゃう……『その他大勢』の中に埋もれていくことを、マーケティングの世界では『コモディティ化』と言うよ。

コモディティ化すると、価格とか、スペックだけの競争になっちゃう。似たようなサイトや商品・サービスでよく違いがわからなかったら、多くのお客さんは、少しでも安いほうを選ぼうとするからね。

もちろん価格は大事だけど、でも、お客さんが商品を選ぶ判断基準は、価格だけじゃない。安心とか、速さとか、いたれりつくせりのサポートとか、デザイン性とか、カスタマイズ性とか、ミッションに共感するとか、その他にもいろいろなことを望む人たちがいる。だからサイトを見ているお客さんも、買う気の人ほど、売り手に、具体的な違いをわかりやすく教えてほしいと思っているの」

「たしかに……自分がいろんなサイトを比較して検討しているときって、そうだよね。それぞれの違いが、パッとわかりやすいとありがたい」

「うん。お客さんは、『どこが違うのかな？』って思いながら見てるからね。

それには、自社のお客さんがどういう競合と比較していて、そこはどんな商品・サービスを提供しているのか、まず知る必要がある。そして『**この環境の中で、自社なら、どういうお客さんを、どう幸せにできるのか？**』を考え、自社の役割、使命を見つけていくの。ここでお客さんのニーズを「深く」「広く」カバーできるほど、売上は上がりやすくなるよ。

そうして、**自社なら幸せにしてあげられるお客さんが、間違って競合他社に行ってしまうことがないように、『誰に、何を伝えるか』を考える。**

私のクライアントでも、同業・同じ市場、社長さんが友人同士で3社、それぞれの強みを活かした戦略で共存している例もあるよ。正解の形は、ひとつじゃない。市場は、この世界は、役割分担でできている」

この世界は役割分担でできている、かあ……ミキは、まだ理解はおぼろげながらも、なんだかすごく大切なことを聞いた気がした。

サキが続ける。

「きちんと立てられた戦略がないと、競合との比較に勝てない。判断に迷う。そして、この**『戦略』がズレていると、どんなにサイト作りを頑張っても売れない。勝負は、コンテンツを書き始める前に8割方決まっているの**」

「なるほど……。これ、事業の根幹に関わってくる話だね」

「そうなの。『戦略を作成したことで、サイト内はもちろん、顧客対応や発送、商品開発など、社内全体での方針共有、判断基準になった』とお喜びいただけることも多いよ。

さっきの洋服の例で言えば、まず自分を知り、そして自分の好みや、どうなりたいかを考える。そうして、その戦略に沿ってヘアメイクや洋服を選ぶようなものだよね。

ただ、人間は選ばれるために生きてるわけじゃないから、プライベートで着る洋服は好きに選べばいい。でも、**ビジネスは、お客さんに、競合との比較を乗り越えて選んでもら**

えないと、そうして売上が入らないと、成り立たないんだよね。

私たちは普段、『知り合い＝すでに絆ができている人たち』の中で生活していて、新規の見知らぬ人たちがどれだけ敏感でシビアかを、忘れている。新規の方にも通用する戦略、売れるサイトをつくるには、まずそこに敏感であること。

おじいちゃんも、こう言ってるね」

二、「お客様がわざわざ自社を選ぶ理由があるか」を考えよ

サキが指したのは、祖父の便せんの、２番目の言葉だ。

「この『わざわざ』には、『買ってもらえることは、決してあたりまえではない。自分たちならどんなお客さんをどう幸せにできるのか、どうしたら選ばれるのか、考え抜くんだ』というおじいちゃんの思いが、込められているんだと思う」

——ほんと、何十年も前の店舗ビジネスについて書かれたものなのに、現代のサイト作りにもそのまま使えるんだ。時代や環境が変わっても、変わることと、変わらないことがあるんだ。

ミキはだんだん、祖父の言葉の普遍性を理解しはじめていた。

「ああ……おじいちゃんと飲みながら語りたかったな……おじいちゃーん」

サキが空の祖父と乾杯しようとするので、ミキもつきあってグラスを合わせた。

「うん。今、おじいちゃんと話ができたら、きっといろんな話が聞けただろうね」

「ほんと……でも、このメモを遺してくれて、嬉しいな。おじいちゃん、事業に本気だったんだなあ、と思ったよ。時を超えておじいちゃんと語り合ってるみたいで嬉しい」

ミキとサキは目を見合わせて、ふふふ、と笑った。

「さ、そろそろ本編に入っていくね。まずはリサーチの方法から。この場合のリサーチとは、『お客さん目線で、事実をベースに、自社を眺めてみる』ということ。

これは戦略に限らず、サイト作りすべてのステップで言えることだけど、『**どうやって売ろうかな？**』**ではなく、**『**お客さんが買えないのは、なぜだろう？**』**と視点を転換**してみて。それだけで、いろんなことが見えてくるよ」

「『お客さんが買えないのは、なぜだろう』……そっか!!! 売り手目線ではなく、お客さん目線で見る、ということだね」

「そう！ そのとおり。そしてそれには、昨日宿題として伝えた『自分が買い手のときの、買い物経験の観察』が活きてくるよ。

戦略作りのステップで私がいつも頭の中で唱えている『魔法の言葉』は、『**お客さん、**

選べるかな？』。すべては、利用者さんがミキたちのステーションを選べるようにやっている作業だ、ということを忘れないでね」

ミキがうなずいたのを見て、サキが言った。

「それじゃ、始めるよ」

戦略

01

買い手の「リアル」を収集せよ

ビジネスにおいて、買うかどうかを決めるのは「お客さん」です。

たとえば大切な誰かを食事に誘う場合、食べ物や飲み物の好み、食べられないものを知っておかないと、確実に喜んでもらえるかはわかりませんよね。どんな人気店・高級店でも、生魚が食べられない方をお寿司にお誘いしたら……。

マーケティングの成果は、お客さんの感情と思考、行動にかかっています。食事のお誘いの場合は「あ、私、生魚が食べられなくて」と言ってもらえるかもしれませんが、サイトを見ているお客さんは、「なんか違うな」と思ったら、多くの場合、何も言わずにそっとサイトを離れます。お客さんを知ることから、すべてが始まるのです。

お客さんを知るために、サイト作りでは、たとえば以下のようなことを調べます。

- **どういうきっかけ・いきさつで購入を検討しているのか？**
- **何に困っているのか？　何を解決・実現したくて購入を検討しているのか？**

- **商品・購入先を選ぶにあたり、気にしていること、決め手になることは何か？**
- **購入決定にあたり、どんな疑問や不安を持っているのか？**
- **購入の決定権者は、サイトを見ている本人か？　別の人（家族、上司など）か？**
- **競合何社と比べて検討したか？　具体的にはどこと比べたか？**
- **自社で成約した理由／失注した理由　他社で成約できなかった理由**

具体的には、次のような方法で、右に挙げた項目を抽出していきます。

①「検索クエリ」の調査
②顧客対応の担当者からヒアリング
③お客様の声や顧客アンケート、顧客インタビューから抽出

①の「検索クエリ」とは、Google・Yahoo!・Bingなどの検索ユーザーが、検索窓に入力した言葉のことです。たとえばある人が「訪問看護　世田谷区」と検索した場合、この「訪問看護　世田谷区」が「検索クエリ」にあたります。

「検索クエリ」は、お客さんが検索エンジンを通して探しているもの、そのものですので、お客さんのニーズそのもの。見ているだけで、たくさんの発見があります。そしてなんと、この「検索クエリ」は、誰でも無料で調べることができるのです。

すでにサイトをお持ちで、GoogleやYahoo!の検索連動型広告を出稿している場合は、その管理画面から、広告が表示された「検索クエリ」のデータをダウンロードできます。広告を出していない場合も、Googleのサイト所有者向け無料ツール「サーチコンソール」や、Google広告内のツール「キーワードプランナー（広告アカウントの作成が必要。アカウント作成は無料）」などを使って調べることもできます（2021年8月現在）。「検索クエリ」データの入手方法について、詳細は「検索クエリ　調べ方」などでも検索してみてください。

あわせて、②③のような既存のお客さんからのコメントも、とても重要です。

手元に「お客様の声」や「アンケート」がない場合は、可能な限り、63ページに挙げた項目をベースとしたアンケートを実施します。「お客様にとって、よりよい商品・サービスをお届けするため」として、謝礼（ささやかなもので充分です）を添えてお願いすると、意外と多くの方々が答えてくれます。

アンケート実施の場合の注意点は、「こちらで用意した選択肢から選んでもらう」のではなく、各質問項目に「自由記入」で、思ったままに書いてもらうこと。これにより、こちらで想定する以上の答えをいただくことができます。また、**サイト掲載用の「お客様の声（第4章で後述）」とは別に集めることも重要**です。

アンケートに限らず、直接インタビューを行うのもとてもおすすめです。普段から会っているお客さんでも、改めて話を聞くことで、きっと新たな発見があります。

お客さんのニーズのリサーチ方法は、専門的な手法やツールまで含めると他にもあるのですが、まずは以上の３つからやってみるのがおすすめです。

これから先のサイト作りでは、常にお客さんの感情・思考・行動・状況を想定して、様々なことを判断していきます。「お客さんのリアル」が腑に落ちない状態でサイト作りを進めると、すべてが机上の空論になりかねません。

特に、社内で顧客対応の担当者が別にいる場合、新規事業の場合、外部パートナーとしてサイト作りに参加する場合など、自分自身で直接お客さんに接していない場合は、「お客さん」のイメージがありありと湧き、腑に落ちるまで、インプットを行います。この「腑に落ちる」という感覚がとても重要です。

そして、情報は多ければ多いほどよいわけではありません。お客さん像のイメージが湧き、意思決定に充分なレベルになったら、次に手順を進めます。

戦略
02

「押す」と「引く」を使い分けよ

「買うことを決める」のが「お客さん」である以上、提供する商品やサービスは、お客さんが「お金を払いたいと思うくらい」喜んでくれるものである必要がありますよね。

そしてこれには、以下の２パターンがあります。

①お客さんがその必要性に気づき、自ら求めているものを提供するパターン＝需要が顕在化している状態

②お客さんはまだ気づいていないけれど、その必要性を知らせてあげたら「ああ!!!　それ欲しかった！」となるパターン＝潜在需要がある状態

①の「需要が顕在化している状態」では、需要が高まるにつれ、お客さんは自ら、たとえばリアルならお店に行く、オンラインなら検索する、何らかの方法ですでに知っているサイトに訪れる、などの行動を起こします。

潜在需要と顕在需要

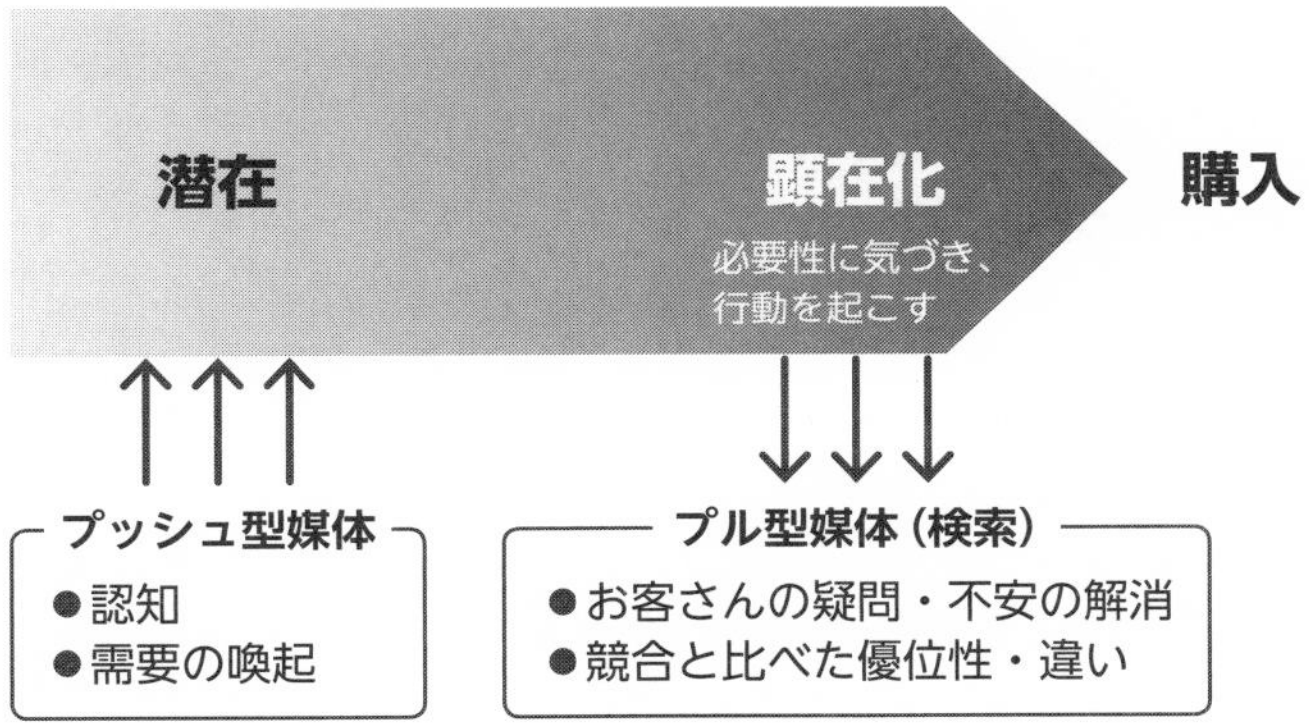

こういった**購入直前の状態のお客さんに出会い、サイトに誘導するのに向いているのが「プル型」**の媒体。「プル」は「プッシュ」の対義語で「引く」という意味。現代なら検索、古くは電話帳がこれにあたります。

お客さんはすでに商品・サービスを求めて行動を起こしているのですから、需要を喚起する必要はありません。「お客さんが、購入にあたり持っている疑問や不安」を受け止め、解消し、かつ「競合ではなく自社で買うべき理由」さえ伝われば、買ってくれます。

②は、「一般的に知られていない商品」「アパレル・食品・雑貨など、欲求を刺激されて買うことが多い商品」など、潜在需要はあるけれど、お客さんがまだ行動を起こしていな

い状態。この場合は、**「プッシュ型」の媒体や人を介した営業・紹介、メディアでの紹介などで、まず、自社の商品・サービスの存在と、それがお客さんにとって必要であることを知ってもらう**必要があります。

プッシュ型媒体には、たとえばSNS、メルマガ、バナー広告、チラシ、新聞などの各種広告（検索連動型広告を除く）が挙げられます。自ら行動を起こしていないお客さんに、売り手から押していくので「プッシュ型」。世のほとんどの広告は、プッシュ型です。

さらに媒体ごとにユーザー層や空気感が違うので、まずは自分で実際に使ってみること、そしてどんなユーザーが多く、どんな発信が求められているメディアなのか、自社商品・サービスと合いそうか、自分の目で観察してみることが大切です。

ここでのポイントは、**サイトをつくり始める前に「自社のお客さんは、顕在需要・潜在需要のどちらにあてはまるか」→「お客さんには、どこで出会ってサイトを見てもらえそうか（流入経路）」のイメージをまず持っておく**、ということ。

たとえばミキの訪問看護事業の場合、2021年現在の日本では、「顕在需要」「潜在需要」どちらの状態のお客さんもサイトを見ることが考えられます。潜在的にはニーズがあっても、まだ訪問看護という手段を知らない／よく知らない方も多いからです。

戦略
03

「自分が売りたいもの」を売ってはいけない

どんな会社にも、それぞれの事情があります。また、売り手に想いがあるのは素晴らしいことです。

ただ、どんな事情や想いがあっても、お客さんに需要がない商品・サービスは、「ビジネスとしては」成り立ちません。

需要があるとは、**「お金を払う人が、お金を払いたいと思うくらい、求めている（喜ぶ）」**ということ。その商品で得られる「結果」に、潜在的にでもお客さんのニーズがあれば、伝え方で需要を喚起することはできます。ですが、そもそも「ニーズがない」場合は、伝え方ではなく、商品・サービスの開発から検討が必要です。

きっかけは、手元にある設備や商品で「これ使って何か売れないかな」でいいんです。そして、そのままではニーズがなさそうな場合は、お客さんは何に困り、何を実現したいのか、それに対し自社なら何を提供できるのか、考える。**「売り手の想い」**と**「お客さんが喜ぶ」がバランスする点を見つけられたら、最強**です。

私のクライアントでも、検索クエリからお客さんの需要を見つけ、大きく成長した例は多いです。新型コロナで壊滅的な打撃を受けたある会社で、自社の仕組みを活かして応えられる検索需要を見つけ、大急ぎで新規事業とサイトを立ち上げて、たった3ヶ月で華麗に復活した例もあります。

お客さんの「〇〇は扱っていませんか？」という問合せも、宝の山です。問合せがなくても、自分から聞くのももちろんありです。

余談ですが、実は私自身、自分にどんな仕事が向いているのか、つまりビジネスパーソンとしての自分の売り物がよくわからず、暗中模索していた時代がありました。

父の会社の事務職だったときに、父に「ホームページをつくって」と頼まれました。ところが当時、サイト作りやマーケティングに詳しい人は周りにいません。本やセミナーで必死に勉強し、ホームページをつくりました。そうしたら、参加したセミナーの主催者だった前職の社長にお声がけいただき、この世界に入ることに。それから3年後に独立したら、それまでの仕事を見てくれていた方々からご依頼いただき、それに応えてメニューを作り、おかげさまで今があります。今ではこれが天職と感じていますが、自分ひとりでは、この仕事にたどり着くことはできませんでした。

今思えば、暗中模索時代に「自分自身で」やりたいと思っていた仕事選びには、「買い手（雇用主／依頼主）のニーズ」という視点が欠けていました。**自分が本当にやりたいことや、強みを最大限発揮できる形を、今の自分が知っているとは限りません。**他者が「依頼」として知らせてくれることもあります。

また、ある社長は、検索需要に真摯《しんし》に応えてバンバン稼ぎ、そうして得た充分な収入で、プライベートでは10代からの趣味のバイクレースも楽しんでいます。

自社・自分の売り物や強みがわからないときは、まずは買い手の顕在需要にとことん応えてみる。買い手の「これやって」には、「この売り手ならできるのでは＝強みの発見」が隠れていることも多いです。やっていくうちに、やってみたからこそわかること、自社・自分ならではの強み、望み、そして使命が見えてきます。

もちろん、お客さんにも潜在需要があると見込んで、売り手発の商品を開発することもあります。ｉＰｈｏｎｅ（スマホ）はその大きな成功例です。

いずれにせよ、マーケティングとは、売り手の都合で売り込むことでも、買い手にただ迎合することでもありません。**市場視点をとりいれ、商品開発を含めて「売り込まなくても、自然に売れる状態を創っていく」。それが、本来のマーケティング**なのです。

戦略

04

買い手が知りたいのは競合他社との「違い」である

購入を検討するお客さんが見ているのは、御社だけではありません。検索結果にずらりとリスト化された同業他社のサイト、広告・SNS・看板やチラシなどで見た競合他社、リアル店舗なら近くの競合店、自分のニーズを解決できる代わりの選択肢などと比べて、お客さんはどこを選ぶか検討しています。**特に比較される競合がいない場合でも、「買わなかった場合」と比べています**。

たとえば私が10年近く通っているネイルサロンは、爪の健康にとても詳しく、見た目の美しさはもちろん、爪に極力負担がない施術をしてくれます。爪が荒れて困っていた当時の私は、サロンのサイトを見て、出会えたことにとても感謝しました。

ある大手メーカーの代理店として設備販売をしているクライアントは、他の多くの代理店のように販売するだけではなく、大型施設や研究施設での設備の全体設計から施工まで実績があります。同様の用途のお客さんは、その実績を知り安心します。

他社にはない、御社の商品・サービスが持つ価値を喜ぶお客さんにとって、それをわかりやすく伝えるのは「売り込み」ではありません。**伝えてくれたほうがありがたい**のです。

競合とどう違うのか、自社ならどんなお客さんをどう幸せにできるのかを見つける材料として、**ここでもまずは、自社と競合の「小さなリアル」から収集します**。

具体的には、自社の「強み」「弱み」、競合の「強み」「弱み」を、それぞれ出していきます。数に決まりはありませんが、1社につき「強み」「弱み」がそれぞれ10〜数十個程度になることが多いです。サイトに書かれていることに限らず、プロ目線だからこそわかることも、出していきます。お客さんのリサーチ結果からも拾います。

競合商品で取り寄せられるものは、ぜひ実物を取り寄せることをおすすめします。「見なくてもわかるよ」と言う方も多いのですが、実際に取り寄せてみると、ほぼすべての方が「顧客対応まで含めて、実物を見ると想像以上のことに気づいた」と言います。その気づきを元に、違いをより具体的に伝え、売上○倍、なんてことはよくあります。ここは、投資のしどころです。

あわせて、商品・サービスの価格帯、納期、対応ロット、その他仕様（具体的な項目は商品・サービスによる）などについても、各社を調べます。

ここでのポイントは、調査対象を「お客さんが実際に、頭の中で比べている競合」にできるだけ近づけること。オンライン集客でも、前述のように、お客さんはリアルで出会った競合と比べているかもしれません。

GoogleやYahoo!などの検索連動型広告からの集客を見込む場合は特に、すぐ隣に競合サイトが表示されるという熾烈な競争環境にありますので、お客さんが検索しそうな主な検索クエリの検索結果を、必ずひととおり確認します（現在の検索結果は、個人の履歴に基づき、カスタマイズして表示されています。リサーチの際は必ず、ブラウザの『シークレットウインドウ』『プライベートモード』などを使い、検索に関する履歴が残っていない状態で行います）。

また、「競合の強み：A社……B社……」と混ぜてしまうのではなく、必ず「競合A社の強み・弱み」「競合B社の強み・弱み」と、競合ごとに分けてまとめます。この作業の目的は、比較しているお客さんに対して「ここと比べたら、自社はどうなのか」というメッセージを考えることで、それには「その強みと弱みを備えた、A社」という全体像で、自社と見比べる必要があるからです。

戦略
05

「弱み」は「伸びしろ」と心得よ

こうして集めた、自社と競合各社の「強み」と「弱み」を、お客さんに伝えるべき「メッセージ」にそれぞれ転換していきます。これを「メッセージ転換」と呼んでいます。

「メッセージ」は、言葉で直接表現するとは限りません。たとえば、はっきり書かなくても行間で匂わせる、写真やイラストで伝える、デザインのテイストで表現するなど、様々な方法で「伝える」ことはできます。

中には、業界の問題点など「これはちょっと、サイトには書きづらいな……」と思うものもあるかもしれません。ですが、コンテンツをつくっていくうちに、よい表現が見つかることはよくあります。そして、その「最初は書きづらいと思ったこと」が、状況を大きくひっくり返す「決め手」のメッセージとなることも、しょっちゅうあります。

ですので、この時点では決して「これ、書けないよね」と諦めないことが大切です。実際にサイトに掲載するかどうかは、この後のステップでいくらでも判断できます。

自社の強み

「自社の強み」は、基本的にはそのまま、お客さんに伝わりやすい形にします。

たとえば「対応が速い」と喜ばれるなら、「お問合せは営業日〇時間以内に返信」「電話見積はその場で回答」「〇時までのご注文で即日出荷」など、具体化します。

「知り合いがいいと言っていた」というコメントも、「おかげさまで、ご紹介でのお客様も多いです」とお客さん向けに表現しなおせば、「メッセージ」になります。

細かい伝え方については第4章でもお伝えしますので、ここでは「何を伝えるか」だけ明確にすればOKです。

自社の弱みと競合の強み

「自社の弱み」と「競合の強み」は、表裏一体のことが多いです。「競合にできて、自社はできないこと」は、そのまま自社の弱みとなるからです。そしてこれは、放置すれば「自社の弱み」のまま。それで不安になったお客さんとは、それきりです。

ですが、**「弱み」は、見方を変えれば「強み」に転換でき、ここに大きな伸びしろがあります。**

たとえば一般的には弱みだと思われていることも多い次のような特徴も、反面の強みや思い、代わりに提案できることが、ほとんどのケースで見つかります。

- **価格が高い** ⬇ 高いからこそ提供できる価値を提示　など
- **品揃えが少ない** ⬇ 専門性が高い／本当におすすめできるものだけ厳選　など
- **納期が遅い** ⬇ 職人がひとつひとつ手作業／在庫を持たず、常に新鮮な商品をお届け　など
- **場所が遠い** ⬇ 自然豊かな環境／家賃などの余分なコストをかけずお求めやすい価格で提供　など
- **社歴が浅い** ⬇ だからこそ、業界の慣習にとらわれない／誠実さや安心感、しっかりした組織であることを伝えて不安をカバーする　など
- **会社が小さい** ⬇ 社長や顔が見えるスタッフが直接担当　など
- **お客さんが探している商品がない** ⬇ 納得感がある理由を書く／取扱商品の中でお客さんのニーズに応えられるものを代替手段として紹介　など

こうして転換していくうちに、「競合はこんなサービス始めてたんだ。ニーズもありそうだし、これはうちでもできるよね」「今まで気づかなかったけど、これじゃ競合で買わ

れてもしょうがないな」と気づくこともあります。これらが見つかったら大チャンス!!! 特大の伸びしろです。

マーケティングを通じて、伝える本体である商品・サービスまで補強できたら、最強です。「伝え方」を超えて、ここに手を入れられる売り手は、表面上の競争に翻弄《ほんろう》されることなく、着実に体質を強化して、どんどん伸びていきます。

もちろん、競合がやっているすべてを自社でも採用する必要はありません。状況を認識して「判断」することが大切で、御社が求める規模の集客が成り立つように、他の手段も含めて考えればよいのです。

競合の弱み

プロの視点から、お客さんに知らせてあげたいことがないか検討します。

ある調理器具の製造販売会社では、お客さんが激安の競合商品と比較していると考えられました。ですが、その競合商品の口コミには「使用1回~数回で壊れた」と多数書き込まれていました。また実際に取り寄せてみると、調理器具とは思えない、素材の衛生上の問題も散見されました。

社長は「これはプロとして、お客さんに注意喚起する使命がある」と考え、自社商品との詳細な比較コンテンツをサイトに掲載しました。あわせて、自社商品は耐久性にダントツの自信があることから「万が一早期破損の場合は、無料で新品と交換」という保証も開始しました。

その結果、これだけで月商が約1・6倍になり、激安商品を買ってすぐ壊れた方からの問合せが相次ぎ、この会社で買い換える方が続出したそうです。

この例は「注意喚起」というちょっと強めの形ですが、これに限りません。「こういうことに気をつけて選ばれるといいですよ」とプロの視点で伝えることで、助かるお客さんがいます。

売り手の個性、市場での役割はそれぞれです。また、お客さんの好みや価値観もそれぞれですので、ここまで伝えても競合を選ぶ方も、もちろんいます。

それでも、**「御社を選んだほうが幸せになれるお客さん」が、より確実に御社を選べるよう、その確率を最大限上げる**。それが、「メッセージ転換」なのです。

戦略

06

「誰に何を伝えるべきか」を言語化せよ

こうして一つひとつメッセージに転換していくと、競合ごとに「ここと比較検討しているお客さんには、これを伝えてあげたい」という、特にポイントとなるメッセージ＝「対抗メッセージ」が見えてきます。

さらに、お客さんの「疑問や不安」「気にしていること」「解決／実現したいこと」についても、自社なら何を伝えられるか考え、メッセージ化していきます。

これで、「サイト上でお客さんに伝えること＝メッセージ」が、ひととおり揃いました。

あとはこれを組み立て（第3章）、原稿の形にしていく（第4章）だけです。

また、ここまでの作業で「**この環境の中で、自社なら、どういうお客さんを、どう幸せにできるのか**」が見えてきますので、言語化しておきます。

これには、決まった正解はありません。たとえば同じ業種でも、システム開発に投資してコストを下げ、そのぶん低単価で売ることが得意な会社もあれば、顧客対応スタッフによるきめ細かなサポートが得意で、それを付加価値とし、競合他社より高めの価格帯で成功している会社もあります。**自社の強みを活かし・お客さんのニーズに合っていて・価格帯と商品ラインナップに矛盾なく・全体が一貫性をもって成り立ち・求める集客規模と一致しているのなら、どの戦略も正解**なのです。さらに、他社がなかなか真似できないものであれば、事業もサイトもグッと強くなります。

いろいろな売り手を見てきましたが、私の経験では、これまでお客さんに喜ばれビジネスが成り立ってきたのなら、**本人が思う以上に、何らかの「その売り手ならではのポジション」が必ず見つかります**。それを見つけるには、ここまで書いてきたように、市場の中で自社を相対化して見ることです。

まず、お客さんを知る。お客さんのニーズに対して、自社と、比較される競合の強み・弱みを、様々な視点から深掘りしていく。現状で足りないものは、商品・サービスから手を入れて補う。サイト公開後も、お客さんの反応を得て随時ブラッシュアップしながら、市場での自社ならではのポジションを見つけていく。

それが売り手としての存在意義となり、喜ぶお客さんを増やし、生存確率を上げていきます。サイトは、お客さんにそれを伝えるための「器」なのです。

＊＊＊

「さ、今日はここまで。次に会うときまでに、やってみてね。やりだしてからも微調整できるから、難しく考えすぎなくても大丈夫だよ。

ミキたちの訪問看護ステーションも、医療を提供するとはいえ事業だから、自社の使命、役割を知ることは、永く地域のお役に立つためにも、働く仲間たちを守るためにも、経営的に大切なことだよね。

ただ、訪問看護ステーションの場合、サイト上での具体的な表現には、いくつか規制があるから気をつけてね。そして法的規制は、時代と共に変わるもの。今回は、ミキにもマーケティングの基本を知ってほしいから、ひととおり話してるけど、実際にサイトをつくる際は最新の関連法令をよく読んで、遵守の範囲内で進めてね」

サキがパソコンの電源を切りながら言った。

「うん、今日はありがとう！　勉強しながら、やってみる。お腹すいたね……あ、ちょうどそろそろ夕食の時間だね」

ミキがそう言ったところで、ふすまの向こうから仲居さんの声がした。

「失礼いたします、お食事の準備に参りました。お邪魔してよろしいでしょうか」

「はい、お願いします！」

「わあい、福岡のお魚とビール♡♡♡」

仲居さんが食卓を整えるのを待ちながら、サキが冷蔵庫から部屋付けのビールをもう1本持ってきた。座卓に座りなおし、グラスに注ぐ。台上には綺麗に盛り付けられた八寸が並べられ、ミキもサキもワクワク、ご機嫌だ。

「温泉に入って、畳の上でビールとお食事、最高だよね♡　私この後、冷酒もいただいちゃおう♡　今日の内容はどうだった？」

「うん、サイトをつくり始める前にこんなに大事なことを考えるなんて、予想外だった。自社の強みを書くことくらいは、なんとなく想像ついてたけど。でも、競合の弱みを出すのは、引きずり下ろそうとしてるみたいで、ちょっと気が引けるなあ」

「そうだね、その気持ちもわかるよ。でも、**強みも弱みも、ただの特徴**なんだよね。多くの弱みは、裏返したら強みにもなること、今日のレッスンでもわかったでしょう。

自然界に光と闇があり、一日の中にも昼と夜があるように、強みと弱みがセットで、その会社さんの個性。みんな、それぞれの考えがあって、仕事をしてる。そしてこの作業は、売り手と買い手のマッチング精度が上がるようにやってるから、どっちを選ぶお客さんがいてもいいの」

「そっか……単純な優劣争いじゃないんだね」

「うん。**そのうえで、よりお客さんを幸せにし、選ばれるよう、それぞれが切磋琢磨することこそが、本来の健全な競争**だと私は考えてるよ。ときには、強い競合が出てきて、どう手を打つか考えることで、それまで気づかなかった自分たちの伸びしろに気づくこともある……そう考えると、競合他社に感謝でもあるんだよね。大変だけどね。

あっ、ビール、あと2本ほど、お願いします♡」

「かしこまりました、すぐにお持ちしますね」

仲居さんがにこやかに答え、無駄のない所作でふすまを締めて出て行った。

「適度なストレスと危機は組織を成長させる。乗り越えるたびに、事業もサイトも研ぎ澄まされていく。奪い合いではなく、新しい価値を創造する。大きな危機ほど、乗り越えたときには大きく次のステージに行ける」

「なるほど……」

ミキは、またなんだかとっても大切なことを聞いたような気がして、手元でメモした。

「あと、自社の提供できる価値を喜ぶお客さんは、それを伝えてくれたほうがありがたいと思っている、っていうのは盲点だった。サイトはつくるけど、売り込みするのはイヤだなあと思ってたの」

「うん。お客さんをしっかり見ないまま、自社の売上のために全方位に『アピール』すると売り込みになる。どんなによいものも、伝える『相手』と『タイミング』が合ってないと、嫌がられるよね。

けれど**『お客さん』が見えたら、自社の価値を喜ぶ人たちに向けて、その状況や気持ちを尊重し、タイミングを見て、わかりやすく伝えられるようになる**よ。

市場には当事者として、売り手だけでなく、買い手であるお客さんも、競合もいる。その環境の中で、一方的な発信ではなく、自社らしさを大切にしながらスムーズに伝える。**マーケティングやブランディングって、そのための、お客さんへの思いやり**だと私は考えているよ」

「お客さんへの、思いやり……」

「もちろん、そんなのんきなこと言ってられない！　って言いたくなるような切羽詰まった状況のときもあるよ。私も、企業の存続がかかっている、緊急性の高い相談を受けることもあるしね。

でもそんなときほど、グッと踏ん張って、お客さんのためにすべてを整える。そうすると、無理に売り込むよりずっと大きな売上が、確実に返ってくるよ。

そのためにはまず、お客さんのリアルをしっかり知るところから。そうして、『自社が幸せにできるお客さん』はどんな人たちなのかを、仮にでも定義しないことには始まらない。というわけで、リサーチからやってみてね。

マッチング精度が高まれば、売り手も、買い手も、みんな幸せになる。ああ、私やっぱり、売り手が輝くお手伝いが大好き!!!」

サキの言葉に熱が入り、ミキが「あっ……」と思った瞬間、サキの右手のグラスが宙でグイッと大きく傾いた。

「きゃあーーー!!!」

慌てたサキの腕がビール瓶にあたり、さらに中身が盛大にこぼれた。

「ああ!! おしぼり、これで拭いて! タオル!!!」

「あらあらお客さま、大丈夫ですか」

ビールを持って戻った仲居さんも駆け寄り、さすが手際よく被害を食い止めた。

「すみません、ありがとうございます! ……お姉ちゃん、あのね。液体が入ったグラスを手に持ったまま傾けたら、中身の液体は、こぼれるんだよーーー」

「はあい……」

ミキは座卓とサキの浴衣を一緒になって拭きながら、でも、スイッチが入ると自分の手に持っているグラスまで見えなくなるくらいにマイペース・没頭型のサキだから、今の仕事で大きな成果を出せているのかもなあ、とも思った。

サキがもし看護師だったら、即日クビだろうな……危なっかしくて、とても患者さん任せられないよ。

ミキはなんだかおかしくなった。

本当に、弱みと強みは裏返し、世の中、役割分担なんだな。お姉ちゃん、今の仕事に出会えて、よかったね。

拭き終わった食卓を整え直し、ミキとサキはほっとして、新しいビールでもう一度、今日三度目の乾杯をした。

・売れるサイトの形は、ひとつじゃない。戦略もそれぞれ。戦略がズレていると、どんなにサイト作りを頑張っても売れない

・「この環境の中で、自社なら、どういうお客さんを、どう幸せにできるのか？」を見つけて、「誰に、何を伝えるか」を考える
魔法の言葉は「お客さん、選べるかな？」

・まずはお客さんの「リアル」の収集から

・自社のお客さんは、潜在ニーズと顕在ニーズ、どっち？　どこで出会ってサイトを見てもらえそうか？

・需要があるとは、「お金を払う人が、お金を払いたいと思うくらい、求めている（喜ぶ）」ということ

・マーケティングとは、売り込まなくても、自然に売れる状態を創っていくこと（売り手都合で売り込むことでも、お客さんにただ迎合することでもない）

・お客さんは、競合との違いを知りたい。弱みは、伸びしろ！

・単純な優劣争いじゃない。マッチング精度を上げるためにやる。そのうえで、よりお客さんを幸せにできるよう切磋琢磨するのが、本来の競争

・奪い合いではなく、新しい価値を創造する。
大きな危機ほど、乗り越えたら大きく次へ行ける

第3章

必要な情報が確実に目に入る「5つの設計」

祖父の教え 店内外の陳列は、お客様の動きを想定して設計せよ

ミキはしばらくぶりの飛行機の窓から、着陸間際の東京の街を見ていた。

「東京、ひさしぶりだな。お母さんのことがあってから、その後、訪問看護の仕事を始めて、ずっとバタバタだったからなあ……」

起業したらまたしばらく、ゆっくり地元を空けられない日々が続くだろう。そう思い、卒業した看護大学の同窓会に合わせて、今回、上京することにしたのだった。

「みんなに会えるの、楽しみだな」

そしてその前に、1泊2日でサキに次のレッスンをしてもらうことになっている。

サキがレッスンの場所として提案したのは、新宿にあるサキお気に入りのホテルだった。新宿といっても駅から徒歩で12分ほど離れていて、眼前に大きな公園を望む、静かな環境だ。そこに位置するビルの高層階だけが、ホテルになっている。

ミキは羽田からのリムジンバスをエントランスで降り、スタッフのスムーズなサポートを受けて、一足先にチェックインしているサキが待つ部屋に向かった。

「おつかれさまーーー！　移動、スムーズだった？」

「うん、快適。ひさしぶりに飛行機に乗って、ワクワクした。でも福岡から移動してくると、さすがに少し疲れるね」

ミキはスーツケースをクローゼットに入れ、コートをかけながら答えた。

「そうだよね、お茶淹れるから、少し伸びでもして、休んだらいいよ。コーヒーと緑茶、どっちがいい？」

「緑茶ー。それにしても、素敵なホテルだね」

客室の中は共有部分よりさらに穏やかで、あたたかみのある淡いベージュとモスグリーンを基調とし、黒をアクセントとして配した、シンプルで美しいインテリアでまとめられていた。今回の部屋は角部屋で、２面が窓になっている。窓の上にかけられた３枚の絵は、インテリアの色調と調和する柔らかい照明でライトアップされていた。静かな空に、ぽっかりと浮かんでいるような空間。ミキは「静謐《せいひつ》」という言葉を思い出した。

「うん。私が大学生のときに開業して、ずっと憧れだったの。独立して、ひとりで初めて泊まりに来て、お部屋に入った瞬間、ぞくぞくっとして思わず涙が出そうになった。美しいものをつくるって、こういうことなんだ、って。20年以上前の開業時から一度も改装していないのに、全然、古くなってない。シンプルで、独自の世界観がある。流行を超越した本質的な美しさを、お部屋に入った瞬間、全身で感じたんだよね」

相変わらず感受性豊かな姉だなあ、と思いながら、ミキは聴いていた。

「このホテルの開業20周年イベントのキャッチコピーは『TIMELESS PASSION』だったの。時を超える情熱。そんな仕事を、私もしていきたいなあと思ったよ。

あと、同じホテルグループの姉妹ブランドで、六本木にも大型ホテルがあるんだよね」

「へえ、そうなんだ」

「うん。六本木のほうは、賑やかな、街の躍動感を感じられるホテル。客室数も、ここの2倍以上ある。コンセプトは真逆で、『イノベーション』や『革新』という言葉が使われてる。常に最先端であることを楽しむホテルなんだよね。

価格帯は近いんだけど、それぞれ違ったお客さんのニーズがあり、それに適した立地、インテリア、ロゴなどが選択されていて、一貫性を持ち、成り立っている。役割分担だね。見比べると面白いよ」

「なるほど、前回レッスンの、戦略の話だね！　帰る前に、六本木のホテルにもちょっと寄ってみようかな」

「うん、ぜひ。そういえばこのホテル、フロントが少し奥まったところにあるの、気づいた？」

ミキは、エントランスから部屋までの道のりを思い起こした。

「そういえば、ロビーラウンジとレストランを過ぎて、本棚に囲まれた廊下を少し歩いた奥に、フロントがあった。言われてみればホテルのフロントって、エントランスを入ったらすぐ見つけられるところにあることが多いよね」

「そうなの。一般のお客さんが行き交うエリアではなく、その奥に宿泊客向けのフロントがあることは、宿泊客がこのホテルに滞在するときに感じるプライベート感に影響を与えていると思う。私はホテルの設計は専門外だけど、きっと何らかの意志を持って、設計されているんじゃないかな」

「なるほど……たしかに」

「もちろん、エントランスを入ってすぐフロントが見つけられると、多くの宿泊客には便利だよね。どっちがいい、悪い、という話ではない。戦略と同じ。実現したいことを考慮して、何を優先し、どちらを選択するかなんだと思う。

そしてこのときに注意すべきは、『お客さんは、こう動きたいだろうな』ということを無視すると、設計者のひとりよがりになり、機能しないということ。

『お客さんは、こう動きたいだろうな』を想定し、尊重したうえで、意志を持って設計す

る。そしてこれは、サイトも同じなんだよね」

「サイトも同じ？」

「うん。たとえばミキは、自分が買い手の立場でサイトを見るとき、すべてのページを隅《すみ》から隅まで読む？」

サキが緑茶のカップをミキに手渡しながら言った。

「読まない」

ミキはそう言って少し考えてから、目を大きく見開いて、パチパチさせた。

「そうだよね……！　そうだよ……!!　お客さんは、サイトのすべてを読んでくれるわけではない。つい、書いたら読んでもらえる前提で、サイトをつくりそうになってた」

「そうなの。だから、**『ここに書いておいて、見てもらえるかな？』という視点を持ちながら、サイトをつくる**。それには、お客さんがどのページからサイトに入って、どう動いてコンバージョンまで行くのか、ある程度の通路を想定しておくの。

たとえばスーパーって、店頭には歩いている人が足を止めてくれそうな商品が置いてあって、入り口にまず買い物カゴがあるよね。

お店に入ったら、野菜や果物、お肉、お魚、卵や乳製品、パン、お惣菜あたりの多くの人が買いそうなものが、外周に沿ったメインの通路沿いにぐるりと配置されている。店舗の真ん中あたりは、乾物とか調味料とか、必要に応じて入り、商品を見つけるエリアになってる。

真ん中エリアの棚には、メイン通路からでも自分の探している商品がどこにあるかわかるよう、ラベルが付いてる。新製品・季節商品とか、特にピックアップしてお客さんに知らせたい商品は、棚の端の、メイン通路に面した場所に置いてある。

入り口でカゴをとらなかった人が、店内をまわっているうちに買いたい物が増えてカゴを探した場合、すぐに見つけられるように、ところどころにカゴが置いてある。

そうしてレジにたどり着いたら、乾電池とかちょっとしたおやつとか、最後にカゴに追加したくなるものが置いてある」

ミキは、よく行く近所のスーパーを思い浮かべながら聞いていた。たしかにそうだ。

「商品やカゴの見つけやすさは、売上を大きく左右する。お店によって建物構造や設備の条件、思想は違うから、必ずしもこのセオリーどおりではないこともあるけど、お客さんの動きをよく研究して設計されているよね。

もちろん、お客さんがどう動くかは自由だから、設計から外れた動きをする人もいるよ。でも、メイン通路といくつかのサブ通路を想定することで、多数派のお客さんにとって動きやすく、商品を見つけやすく、買いやすいように、店内を整えることができる。

今日のレッスンのおじいちゃんの言葉は、

三、店内外の陳列は、お客様の動きを想定して設計せよ

だよ」

サキが、窓際のデスクにセットしてあった祖父のメモを、ソファのミキに手渡した。

「おじいちゃん！　そっか、おじいちゃんも、こんなことを考えながらお店をつくってたんだね!!」

「そうなの。おじいちゃんと通じ合えたようで、なんか、嬉しいよね」

サキがにこにこしながら言った。

「サイトの場合、サイトに入る手前でお客さんが目にするSNS投稿、検索結果に表示されるタイトル・説明文や広告などが、店頭のディスプレイ。サイトメニューは店内の棚のラベル。コンバージョンに向かうフォームやカートへのボタン、電話番号が、レジだね」

「なるほどーー!!」

「あ、この**レジにあたるボタンや電話番号のことを、『レスポンスデバイス』と言うよ。**

日本語の意味は『反応装置』。お客さんがコンバージョン行動を開始するための、サイト

店内外の陳列は、お客様の動きを想定して設計せよ

コンテンツの出口だね。あちこちで出てくる重要な言葉だから、覚えておいて」

サキはそう言って、さらに何枚かの資料をミキに手渡した。

「今日から、サイトの中身の話をするから、サイトの各部位の名前をまとめておいたよ。あと、用語集もつくっておいた」

「ありがとうーーー、助かる!!」

「今日の内容は少しだけ専門的だけど、ちょっと知っておくだけで成果が出やすいところだよ。サイト内に限らず、メールやSNS、広告、チラシとかのコンテンツを使ったコミュニケーション、すべてに使えるし」

「うん！　早く続きが聞きたい！」

「じゃあ、ミキがよければ、そろそろ今日のレッスンを始めようか。レッスンが終わったら、今夜は上のレストランも予約してあるしね♡」

サキがデスクに座り、パソコンを開いた。ミキもお茶のカップを持って向かい合わせの椅子に移動し、メモの準備を整える。今日も、視点が大きく転換する一日になりそうだ。

「これから具体的なサイト作りのステップに入っていくけど、サイトの中身を考えるときは、常に『お客さんの動き』のイメージを持っておくこと。

サイトの先にいるのは、ひとりの人間であることを、決して忘れないでね」

「うん」

ミキはうなずいた。

「サイトを使い、動き、行動を起こす。その主役は、お客さんだよ」

＊＊＊

――サキがミキに渡した「サイトの各部位の名前」と「用語集」は、本書の巻末に収録しています。この先のレッスンでわからない言葉が出てきたときに、どうぞ開いてみてくださいね。

設計

01

お客さんは「見ない」「読まない」「クリックしない」

せっかく掲載しても、どんなによいコンテンツでも、**その情報がお客さんの目に触れなければ、伝わりません。**

現代は、オンラインにもリアルにも、大量の情報があふれています。観たい・読みたい・聴きたいコンテンツに、SNSやチャット、メールの返信もある。仕事は時間内に終わらせたいし、家事や育児もある。

そんな中サイトを訪れるお客さんは、慎重派の方、せっかちな方、いろいろな方がいますが、サイトの隅から隅まで読むことのほうがまれです。ご自身がお客さんの立場のときの行動を思い返していただけると、想像しやすいと思います。

お客さんは基本、「見ない・読まない・クリックしない」。お客さんがそうなら、**売り手がその視点を持ち、それでも伝わるよう設計することで、成功確率がグッと上がります。**

この章では、必要な人に、必要なタイミングで、より確実に情報を目にしてもらうための考え方についてお伝えします。

設計

02

「動線」を想定して「導線」をつくる

あるクライアントから、ずっと調子のよかった売上が前年同月比90％に下落した、と相談を受けたときのことです。

検索結果の競合を見ると、ある激安系サイトがリニューアルされ、激安価格をサイトに入った瞬間に見つけやすくなっていました。これは価格で負けているな、と判断。高めの価格帯だからこそできる（＝激安の競合にはできない）付加価値メッセージの見せ方を強めるとともに、想定されるお客さんの動きに合わせて「メイン通路」を想定し、そこに配置する情報を整えました（次ページ図参照）。

このサイトで扱う商品は、急ぎで探しているお客さんが多いという特徴がありました。そのため、お客さんはサイトに入ったら、ページ内で探すことなく、すぐ目に入る場所に取扱商品一覧を見たいだろうと考え、少し下にあった「商品一覧」を上に移動しました。

その「商品一覧」から、各商品の仕様・特徴・価格などを紹介する詳細ページにリンクを貼っているのですが、探していた商品を見つけたお客さんは、このままトップページを下にスクロールするよりも、ここでリンクを押して、商品詳細ページを見たいだろうと想定。そうして、**トップページの「商品一覧」の下に配置されていた「お客様の声」を、商品詳細ページにも配置**しました。高付加価値を絶賛する喜びの声が多数あり、それをぜひ、メイン通路を通るお客さんに見ていただきたかったのです。

あわせてこのサイトは、商品名や品番の検索から、商品詳細ページへの直接流入もそこそこありました。その場合も、トップページに移動せずに商品詳細ページ内で完結できるよう情報を整えたことで、コンバージョンにつながりやすくなりました。

ご相談からサイトへの反映完了まで、3日ほど。これだけで、前年同月比260%の売上となりました。もとの戦略＝「誰に何を伝えるか」がしっかりしていたので、コンテンツ内容には、ほとんど手を加えていません。お客さんの動きからメイン通路を想定し、より確実に目に入るよう情報を移動し、強め方を調整しただけです。

自社のお客さんは、どのページからサイトに流入し、どう動き、レジにたどり着くのか。**「入口」「通路」「出口」の3つを考えて、お客さんの動き＝「動線」を尊重しながら、「導線」＝売り手が導く道筋をつくり、配置する情報を整えます。**

入口、すなわちどのページに流入が多いかは、『Googleアナリティクス』などの無

メイン通路を想定し、必ず目にしてほしいコンテンツはその中に配置する

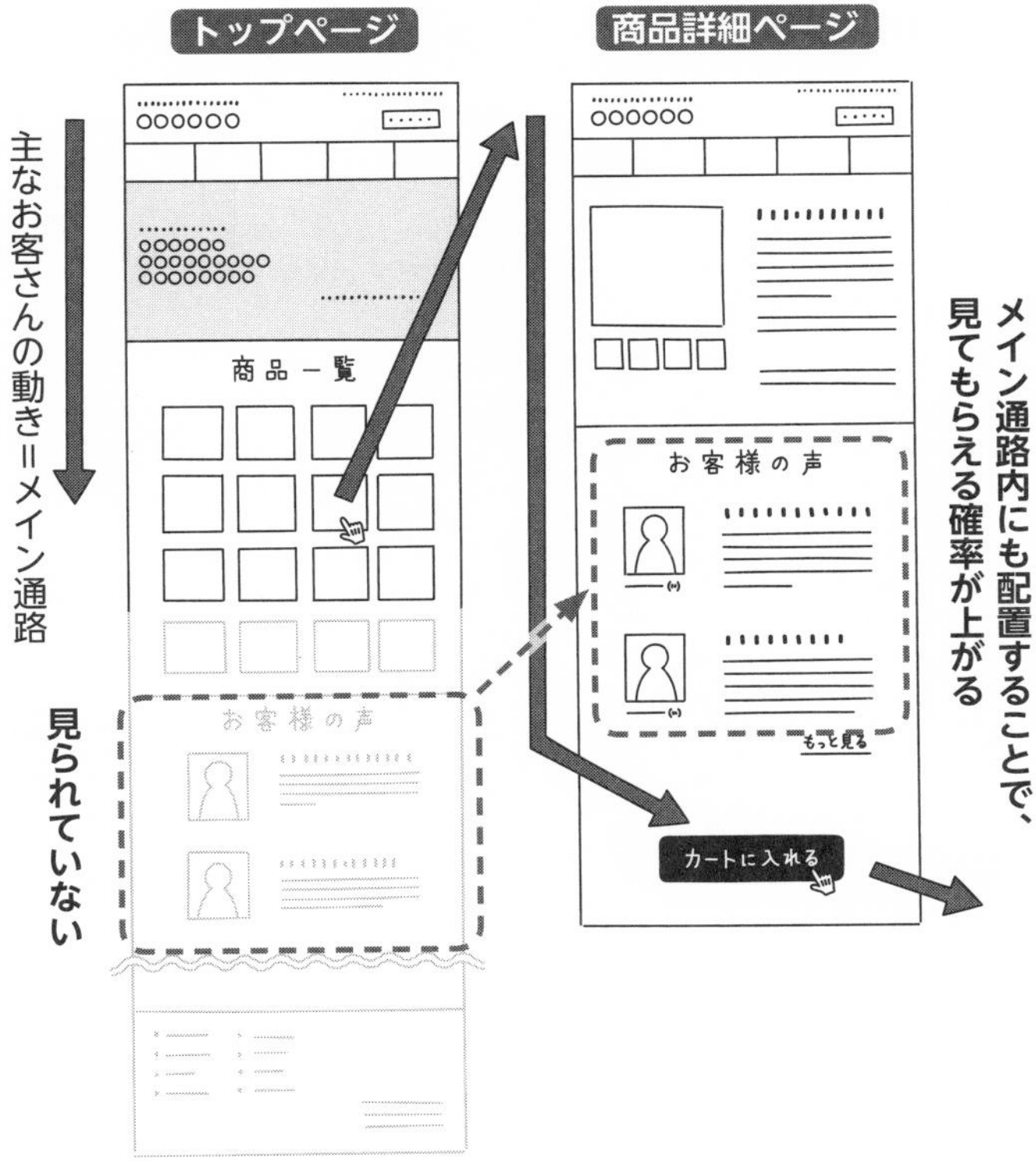

料ツールで確認できます。お役立ち記事やブログ記事などへの直接流入が多い場合は、せっかく来てくれたお客さんが行き止まりにならないよう、トップページや商品一覧ページへのリンクを配置します。SNSやメルマガなどから、トップ以外のページに直接誘導することが多い場合は、それを想定して情報を備えます。

サイト流入後の通路は、まず「そのページのメインコンテンツ部分（ボディ）から見る人」と「サイトメニューから見たい人」に分かれます（サイト各部位の名称は巻末資料P216参照）。後者の方がメニューを確実に見つけられるよう、サイドメニューを置かない場合も、ヘッダーやページ脇などにメニューへのリンクを置き、導線を確保します。

そうしてコンバージョンできる段階になったお客さんが、レジ＝レスポンスデバイスを探しまわることがないよう、店内のどこからでも見つけやすい場所に配置します。コンテンツの途中にタイミングを見て配置することもありますし、ヘッダーやページ脇などに固定でボタンを置くこともあります。

仕上がりを確認するときは、各ページのチェックだけでなく、**お客さんの主要な通路を想定し、必ず、入口から出口までを通してシミュレーションします。**

完璧でなくていいのです。メイン通路から外れて動く人も、もちろんいます。それでも、「お客さんの通路」という視点を持つだけで、伝わる確率が大きく上がります。

設計

03

お客さんに見えているのは「氷山の一角」

ここでもうひとつ、重要なことがあります。通路を想定したとして、**それを先に進むか、それとも離脱するかを決めるのは、お客さん**だということです。そして、まるで「氷山の一角」という言葉のように、**お客さんには「そのとき見えているところ」までしか見えていません**。これをサイトに当てはめると、次ページの図のようになります。

お客さんは、「①サイトに入る手前で見える情報」で「見てみよう」と思った場合のみ、クリックしてサイトに入ります。「②サイトに入り、スクロールせずに見える情報（ファーストビュー）」で「もう少し見てみよう」と思った場合のみ、スクロールします。「③スクロールしたら見える情報」で「この先に、求めている情報がありそうだ」と思った場合のみ、リンクをクリックして、サイト内の他ページに移動します。

このように、「**水面を潜るか、離脱するか**」**は、お客さんに見えている範囲の情報で、お客さんがどう思い、行動するかにかかっているの**です。これについても、ご自身がお客さんの立場のときのことを思い返すと、想像しやすいと思います。

水面を潜るかは、お客さんの気持ちと行動次第

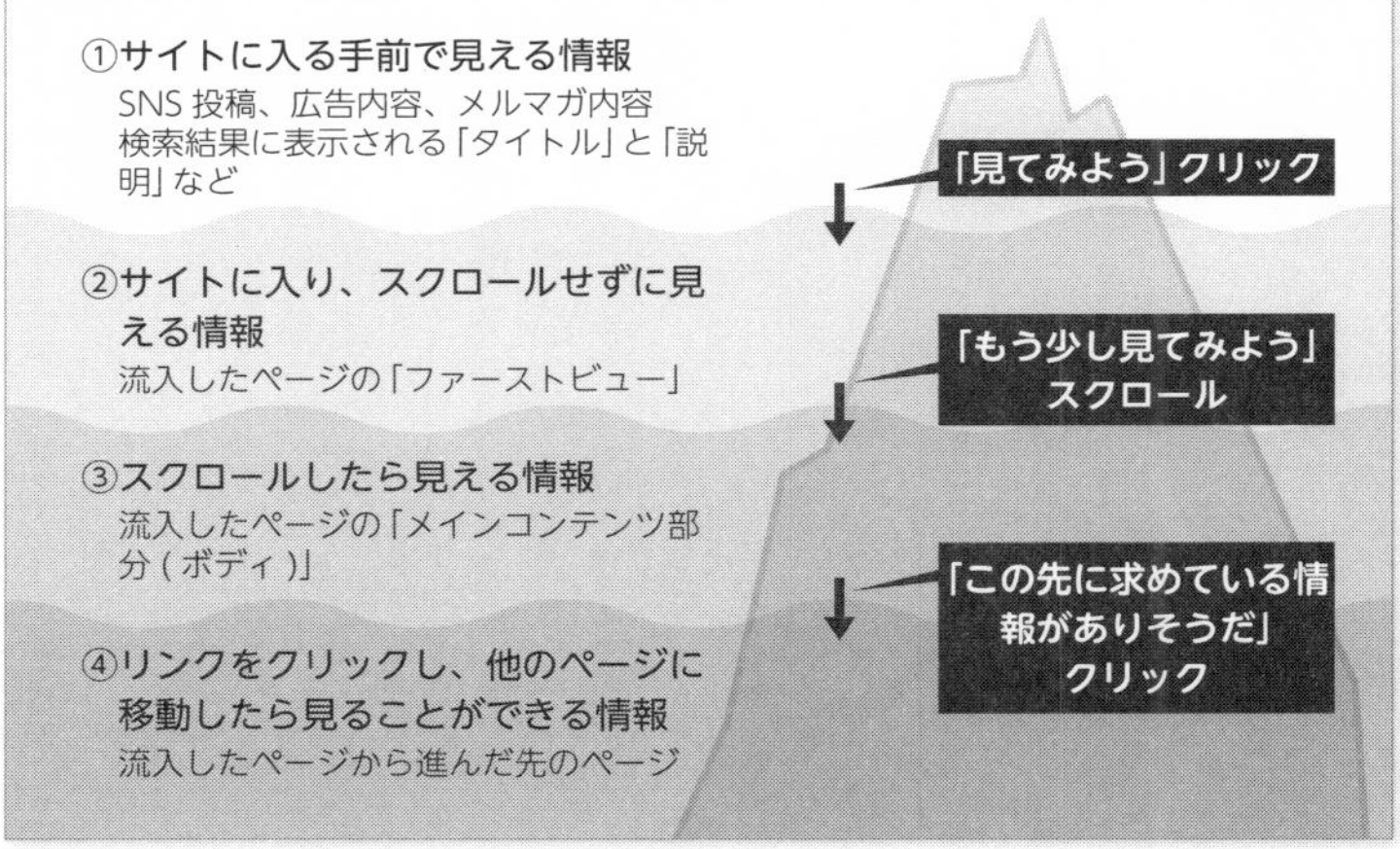
①サイトに入る手前で見える情報
SNS 投稿、広告内容、メルマガ内容
検索結果に表示される「タイトル」と「説明」など
「見てみよう」クリック
②サイトに入り、スクロールせずに見える情報
流入したページの「ファーストビュー」
「もう少し見てみよう」スクロール
③スクロールしたら見える情報
流入したページの「メインコンテンツ部分（ボディ）」
「この先に求めている情報がありそうだ」クリック
④リンクをクリックし、他のページに移動したら見ることができる情報
流入したページから進んだ先のページ

よく見かけるのが、左ページの上の図のように、伝えたい情報が、この「水面」を意識せずにランダムに配置されているケースです。これだとお客さんには、最初の水面上ではAという情報しか伝わっていません。「A」を見たお客さんが「潜ってみよう」と思わなかった場合、「B」「C」「D」がお客さんの目に触れることはありません。

これを**下の図のように、特に重要な情報は結論や概要だけでも水面の上に引っ張り出す**と、そのぶん、お客さんの目に触れる可能性は上がります。そうして、詳細は水面の下でしっかり説明するのです。

とはいえ、水面が上にいくほど、スペースに限りがあります。ですので、お客さんに早い段階で確実に見てほしいこと、水面を潜る

情報設計の氷山モデル：
特に重要な情報はできるだけ手前で見えるよう配置する

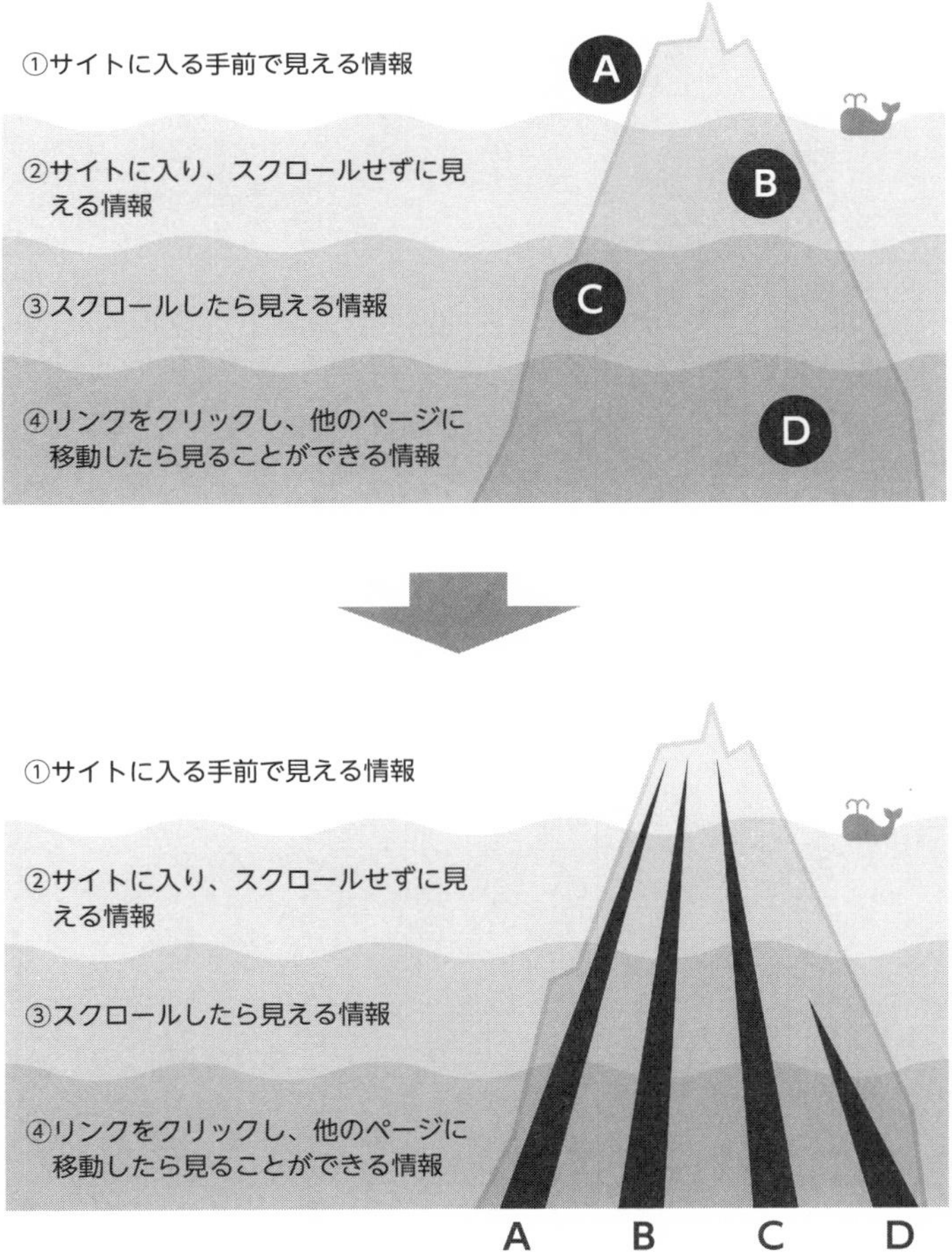

きっかけになりそうな「より多くの人が、深く気にしていること」を、優先順位をつけながら、可能な限り手前に配置します。

たとえば「D」は一部のお客さんにしか関係ない情報（一部商品の仕様、マニアックなご質問への答えなど）だとしたら、水面のいちばん上ではなく、必要な人が見つけられるところに入り口を配置すればOKです。

「潜らなくても、伝わる」もしくは「もっと潜りたくなる」ように、水面上に情報を配置すると、コンバージョン率は大きく上がります。あるクライアントは、人気の企画をページ下部から上部に移動しただけで、お申込みが倍増しました。

すでにサイトがある方は、奥から引っ張り出してきたほうがよい情報がないか、一度サイト内を確認するのがおすすめです。お客様に伝えられていない大切な情報があるかもしれません。

ちなみに**この氷山モデルは、SNS投稿、メール、実店舗の店外ディスプレイなど、サイトに限らずあらゆるコンテンツコミュニケーションに使えます。**「お客さんが行動を起こすまで、隠れていて見えない部分」を水面下として、ぜひいろんなケースに当てはめてみていただければと思います。

設計

04

サイトメニューは「中身のわかりやすさ」が勝負

サイトメニューも、氷山モデルに沿って「押さなくても、伝わるか（もしくは押したくなるか）」を考えてつくります、

たとえば「ご注文から何日で発送するか（納期）・宅配便などの発送詳細・お支払い方法」を掲載しているページがあったとして、もし、サイトメニューに表示されるページタイトルが「発送について」だったら、「納期」「お支払い方法」について探している人は、いちかばちかリンクを押してみないと見つけられません。この場合は、ページタイトルを「納期・発送・お支払について」にすれば、**押す前から中身が見えて、これらの情報を必要としている人たちが見つけやすく、押しやすくなります。**

また、たとえば他社にはない独自の保証体制が強みの場合、それを説明するページタイトルは、単に「保証体制」ではなく「独自の5年保証」などとすれば、**押されなくても「サイトメニューを見ただけで」伝わりやすくなります。**

サイトメニューに限らず、たとえばバナーでリンクを貼る場合も、「押されなくても、

ページタイトルは、押す前に中身を伝える重要なラベル

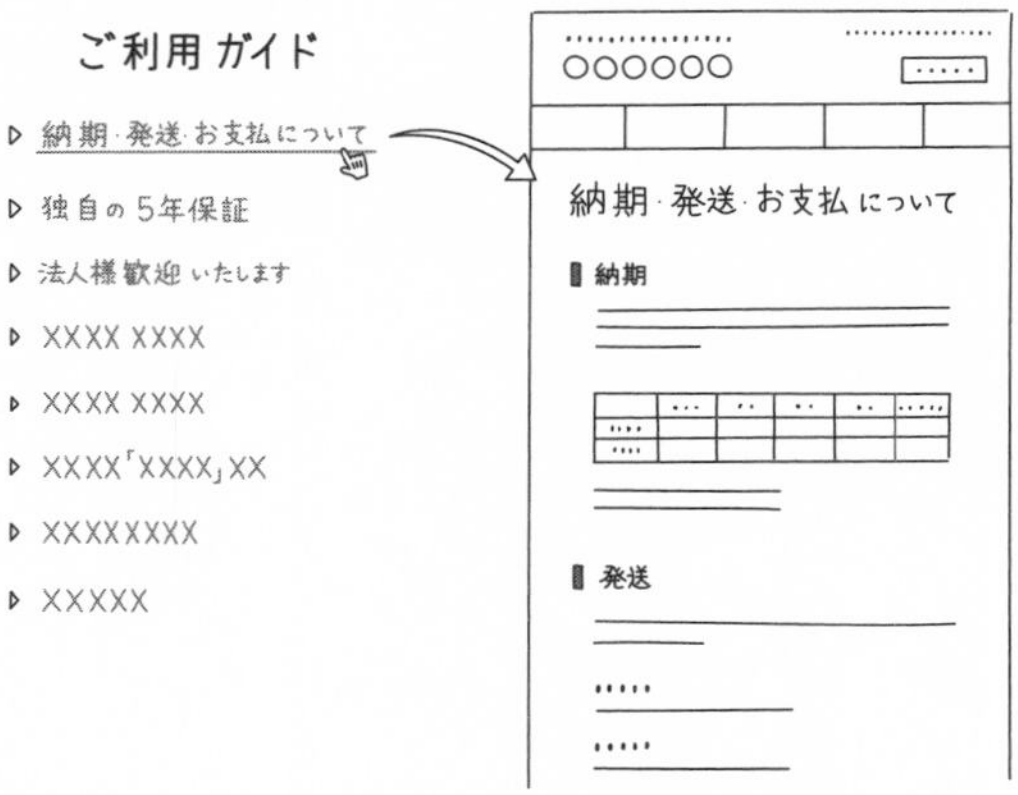

伝わる」よう、バナーに記載する情報をリンク先ページから抽出します。「アコーディオン」や「モーダルウインドウ」（巻末資料P217参照）などでも同様です。

あわせて、**「どのページに書けば、確実に見つけてもらえるかな？」**という視点も重要です。

たとえば「法人様歓迎いたします」というタイトルで、法人のお客様が疑問・不安に思う点に応えるページをつくるとします。その場合、領収書発行についてのコンテンツは、「お支払について」のページだけでなく、このページにも配置しておきます。領収書発行について知りたい法人のお客さんは、「法人様歓迎いたします」と「お支払について」、

「押さなくても伝わる」か、または「押したくなる」か

○○○○○○○○○○○○○○
○○○○○○○○○○○○○○
＞続きを見る
?
何が入っているのか
わからない…
ま、見なくていいや
○○○○○○○○○○○○○○
○○○○○○○○○○○○○○
＞詳しい仕様表
仕様表はここね！
○○を知りたいから
見てみよう

「続きを見る」としか言いようがない場合はそれでいいが、中身を表す具体的な言葉があれば書いておく

どちらでも情報を探すことが考えられるからです。

こうして、どんなページをつくるか（サイトメニュー）を考えながら、戦略のステップで定義した「伝えるメッセージ」を各ページに配置し、原稿のたたき台をつくっていきます。

サイトメニューができたら、後は配置したメッセージを入れながら原稿を書いていくのですが（第４章）、その際、**原稿は下層ページ（トップ以外のページ）から書くのがおすすめ**です。

下層ページの原稿ができたら、トップページ＝メイン通路を歩くお客さんに確実に目にしてほしいことを抽出し、トップページのメインコンテンツ部分（ボディ）の原稿をつくります。さらに結論・概要を抽出して、ファーストビュー周りの原稿をつくります。

氷山の下部から、重要部分を水面上に抽出し、上部の原稿をつくっていくのです。ファーストビュー周りの仕上がりイメージも仮で持ち、下部と上部を行き来しながらつくれると、ベストです。

各ページのタイトルも、原稿を書き終わってから、前述のようにページ内容が「押さなくても伝わる」よう、最終決定します。

これにより自動的に、氷山モデルに沿った「より確実に、必要な情報を目にしてもらえるサイト」が出来上がります。

設計
05

お客さんの「動線」はサイトの中だけではない

ここまで「サイト内の情報設計」についてお伝えしてきましたが、**お客さんの通路はサイトの中だけではありません**。

売り手には、たとえば「ＳＮＳ投稿」「広告の内容」「サイトの内容」「コンバージョン後の自動返信メールや接客担当者とのやりとり」はそれぞれ分断して見えます。**ですが、お客さんは、時系列で順番に、これらをひととおり体験します**。

それを忘れて各コンテンツをつくると、お客さんが見たら「あれっ？」と感じるような印象のギャップや、わかりづらさが生まれます。**サイトのコンテンツは変えずに、その手前で出会う広告文を変えただけで、つながりがよくなり、コンバージョン率大幅アップ、**といったこともよくあります。

たとえば、サイトに入る手前の広告で気になった商品や情報がある場合、お客さんはサイトに入ってすぐにそれを探します。検索から来た場合は、検索クエリへの答えを探します。見つけられないと、フラストレーションと離脱につながります。

コンバージョン後にお客さんに送るメールや資料も同様です。「この手前で、どんな情報に触れてきた人たち向けなのか」により、「お客さんが求めているること」「すでに伝わっている／まだ伝わっていないこと」が変わり、最適なコンテンツが変わります。

こうして、お客さんの「動線」をつなげて見られるようになると、**「この情報は、どのタイミングで伝えるべきか?」**という視点が生まれます。

たとえばオーダー商品で、入れたいロゴや画像データを送ってもらうなど、コンバージョン後にお客さん側の作業が必要な場合。「コンバージョンの手前＝サイト内」では、「購入の判断ができる程度」にその概要が伝わりさえすれば、お客さんとしては充分です。

そうして具体的な手順詳細は、コンバージョン後に送る案内メールなどに記載し、「お客さんが作業するタイミングで」見られるようにします。詳細な手順は、事前に見せられても覚えられないし、お客さんにとってそのタイミングで必要ない情報は「ノイズ」になってしまうからです（サイト内でも、たとえばメイン通路には控えめなリンクだけを置き、詳細はサイトメニュー内に置くのでしたら、ノイズにはならず、必要な人だけに見てもらえます）。

同じ情報でも、「タイミング＝お客さんの状況」を見て渡すかどうかで、お客さんにとってノイズになるか、それとも有益な情報になるかが決まるのです。

また、自社媒体では必ず**「これを見たお客さんに、どう動いてほしいかな？　どこにつなげたら自然かな？」と考え、他の自社媒体やコンバージョンへの導線をつくっておきます**。たとえばブログやＳＮＳのプロフィールと投稿、チラシ、商品同梱物《どうこんぶつ》、資料請求用の資料、見積書、名刺などです。川の流れから水を引いてくるように、せっかくの出会いを無駄にしないよう、執念深く導線をつくります。

サイト流入前からコンバージョン後まで、「お客さんの流れ」を一貫して把握し、整えている売り手は、まだ多くはありません。

担当者が複数になる場合や、外部専門家に依頼する場合は、必ずチーム内で戦略を共有します。また、お互いが前後を考慮して、担当コンテンツを考えるようにします。

ただ、言語化して共有できる情報には、どうしても限りがあります。ですので、誰かひとりが各媒体をつなげた俯瞰《ふかん》視点で統括し、ディレクションできるようにしておきます。

それが、「売り手も買い手も、みんな幸せ」につながるのです。

＊＊＊

ミキとサキは、今日のレッスンを終えて、52階のメインダイニングに来ていた。

エレベーターを降りると、一面の夜景の中、スタッフが待っていた。予約名を告げた後、テーブルに案内される。

最初の角を左に曲がると、左手にオープンキッチン。真っ白いユニフォームに身を包んだ多くのスタッフが、まばゆい光の中でキビキビ働いていて、まるでステージのようだ。ここでつくられた料理が、これから自分たちのテーブルに運ばれてくるんだな、と、ミキは胸が高鳴った。

オープンキッチンの前を通り過ぎ、もう一度左に曲がると、照明を落としたダイニングスペースがあり、ミキたちの席が用意されていた。先ほどのキッチンのダイナミックさがまるで夢だったかのような、穏やかな空間だ。

「ちょっと早いけど、今年もお疲れさま！　来年はミキにとって、大きな門出《かどで》の年になるね」

食前酒のシャンパンがサーブされ、真っ白いテーブルクロスの上で、ふたりはグラスを軽く持ち上げて乾杯した。

「うん、頑張る！　お料理楽しみだなあ。キッチン、迫力だったね」

「そうだね！　実はあの案内経路、エレベーターからの距離を考えると、少し回り道なんだよ、気づいた？　ここをまっすぐ行くと、すぐエレベーターなの」

サキの視線の方に目をやると、バーを抜けた先に、先ほどのレセプションが見えた。

「ほんとだ……！　でもせっかくなら、たくさんのスタッフが真剣に働くあのキッチンを見てきたほうが、これからいただくお料理へのワクワク感と、感謝の気持ちが高まるよね」

「そうなの。建物の構造を活かしながら、自分たちが提供できる価値をお客さんにスムーズに伝える。売り手も買い手も幸せになる、素晴らしい導線設計だなと思う。

そして私たちが忘れてはいけないのは、レッスン中でも話したとおり、サイトの場合、お客さんは簡単に離脱する、ということだね」

「たしかに。リアルのお店だと店員さんがいるけど、サイトの場合、お客さん次第だもんね。誰にも遠慮いらないいし」

「うん。だからサイト作りでは、**お客さんが動きたい『動線』と、売り手が導く『導線』を、いかに一致させるか、が成功の大きな鍵となる。**

あと、今日の内容は、今回のレッスンの中では比較的、実際のサイト作りで環境変化の影響を受けやすいところでもあるんだよね。お客さんは情報洪水の中で年々せっかち化してるし、この10年でスマホという新しいデバイスも普及した。具体的な最適解は時代により変わる。**それでも今日話したことは、基本の考え方として、変わらない**よ。

サイト内でのお客さんの動きは、『Googleアナリティクス』などの無料ツールでもある程度確認できるし、『ヒートマップ』とかの専門ツールを使えばもう少し詳しく見られる。

無理のない範囲で入手できるデータを参考に、でもデータだけに頼らず、まずはお客さんの意志を尊重しながら、売り手の伝えたいことも伝わる形の仮説を立てて『創造』する。それがスタート。データには、現れるものと現れないものがあるからね。

データで裏付けたり、検証したりするのはもちろん大切だよ。でも、**『よりよくしたい』という意志を持って未知のものを『創造』することは、人間にしかできない**の。その想いがあるから、『未だデータがない』という不確実性も引き受けることができる。

そしてこの『創造』という土台があるからこそ、データで検証・分析し、最適化していくこともできる。

『創造』と『分析』は、セットなんだよね」

「なるほど」

ミキはグラスを傾けながら、サキの言葉を頭の中で反芻した。

「完璧じゃなくていいの、いろんな人がいるしね。それでも『動線』『導線』『メイン通路』という視点を持つだけで、だいぶ変わるよ。

私なんて、人が乗ってないときは止まってるエスカレーターで、間違って降り口から乗ろうとして、アラートの大きなブザー音をフロア中に響かせたことも何度もあるからね」

「お姉ちゃん、それはちょっと違うんじゃ……」

「そう？　そっか」

サキが笑って続けた。

「多くの人に同じコンテンツで発信する以上、『多数派のお客さん』と『少数派のお客さん』、そして売り手のことを考えて、一見難しそうに見えても諦めずに、バランスがとれる最高の形を見つける思考は必要になる。**どちらを優先するか、で判断することもあるし、それを超えて、複数の視点を融合して新しい最適解を見つけられれば、最高のものになる。**

これも、マーケティングの大切なスキルなんだよね。

その源泉はやっぱり、『よりよい形を見つけたい、つくりたい』という想いかなあ」

「うん、なんとなくわかるよ」

ミキは、患者さん、それぞれのスタッフ、勤務する事業所にとってできるだけよい形になるように、と管理職として奮闘していた、退職前の日々を思い出しながら答えた。

前菜が運ばれてきた。ミキとサキのペースを見ながら、適切にサポートしてくれる接客が心地よい。

「接客も素敵だね。私たちのペースを尊重しながら、大切にケアしてくれてるのが伝わってくるよ」

「うん。おかげで、安心してお食事と会話に集中できるよね。実は私がサイト上で目指しているのも、そういう接客なんだよね」

「サイト上で接客？　……あ、そっか。ええと、サイトに入る手前でお客さんが見る情報が、店外ディスプレイ。そしてサイト内はお店の中、だったね」

サキがグラスのシャンパンを一口飲み、うなずいた。

「そうなの。店内で、お客さんがスムーズに理解し、安心してレジを済ませられるように、サイト上でサポートしてるの」

ミキは、今の自宅に引っ越したときのことを思い出した。

「そういえば、お姉ちゃんがお手伝いしたって言ってたオーダーカーテンのサイト、知りたいと思ったことが必ずその場に書いてあって、サイト内を探す手間が省けて助かった。注文完了まで一度も立ち止まらずにスイスイ行けて、ちょっと感動したよ」

「ありがと♡　クライアントさんたちに届いた『お客様の声』にも、そう書いてあることがよくあるの。『だから安心して、このサイトで買うことに決めました』って」

サキも嬉しそうだ。

「一対一の接客には、それはそれでかけがえのないよさがある。

でも**コンテンツは、一度つくったらその後何年も、多くの人たちをサポートし続けるん**だよね。サイトによっては何十万、何百万人、それ以上の人たちを幸せにし続ける。まるで毎年咲き続ける桜のように」

サキのつぶやくような言葉を聴きながらふと窓の外に目をやると、郊外に向かう電車の灯りが、夜景の中を抜けていった。視界に入る色と灯り、高い天井と大きな絵、スタッフの真摯《しんし》な動き。音楽と人々の会話、控えめな食器の音。丁寧に整えられた空間の中で、華やかに、そして優しく、すべてが調和していた。

「私がお手伝いしているサイトでも、ベースのコンテンツをつくってから7〜8年、長いサイトでは10年以上経っても、環境変化に合わせた表面的な調整だけで業界トップであり続けてるサイトが、いくつもあるよ。今日のレッスンで話した事例みたいにね。

明日は、そんなコンテンツのつくり方を話していくね」

「うん！　楽しみ」

ミキはあたたかい気持ちになって、明日を心待ちに、ナイフとフォークを手に取った。

・お客さんは、サイトのすべてを読むわけではない。「ここに書いておいて、見てもらえるかな？」

・「お客さんは、こう動きたいだろうな」を尊重して、入り口・通路・出口を考え、導線をつくる

・お客さんのメイン通路を想定して、必ず入り口から出口までシミュレーションする

・サイトに入る前に目にする情報（SNSとか）＝店外ディスプレイ。
サイトメニュー＝棚のラベル。
レスポンスデバイス（コンバージョンへ向かうボタンや電話番号）＝レジ

・情報設計の氷山モデル：特に重要な情報は、できるだけ手前でも見えるよう配置する

・「押さなくても伝わるか」もしくは「押したくなるか」

・原稿は、下層ページから書くのがおすすめ

・お客さんの通路はサイトの中だけではない。つなげて見る。
情報を渡すタイミングを考える。
サイト以外でも、自社媒体からは必ず、他の媒体やコンバージョンへの導線をつくる

・「創造」と「分析」はセット。「よりよくしたい」という意志を持ち創造することは、人間にしかできない

第 4 章

お客様が行動する瞬間をつくる

「16の伝え方」

祖父の教え

接客では、売ることを忘れお客様の補助に集中せよ

ホテルでの集中レッスンもいよいよ2日目だ。昨夜は案の定、ベッドに入ってもおしゃべりが尽きず夜更かししてしまったけど、アラームのおかげでふたりともなんとか起きた。

ひさしぶりのホテルでの朝食は、ルームサービスにした。白いテーブルクロスと一輪挿しの赤いバラ、そして窓の外の青空のコントラストが清々しい。朝、広い空を見るっていいな。ミキは、これから始まるレッスンを思いワクワクした。食事のお皿を下げてもらい、コーヒーだけおかわりして、ミキとサキは窓際のデスクに向かい合わせに座った。

「さて、サイト構造のおおまかな設計ができたら、いよいよコンテンツの原稿を書いていくんだけど、そのときに忘れないでほしいことがあるの」

「うん」

ミキはペンをとり、姿勢を正した。

「原稿を書いていると、つい目の前の原稿を仕上げることを目的にしてしまう。でも、目線を目の前の原稿に置くと、その場で空回りしてしまって、その先にいるお客さんに伝わるものにはならないんだよね。

そうではなく、**『これで伝わるかな？』と、常にその先にいるお客さんに目線を向けて、その存在を感じながら書く**。実際の利用者さんたちを何人か思い浮かべながら書くといいと思うよ。デスクやパソコンに、お名前や写真を貼って書くのもいいと思う」

「実際の利用者さんたちね……うん。了解」

ミキは利用者さんたちの顔を何人か思い浮かべ、メモをとりながらうなずいた。

「それから、ネットや街中でよく見かける広告には、あふれる情報の中で目立つこと、『興味を引くこと』を目的にしているものも多い。それはそれで、シチュエーションによっては有効だよ。だけど**サイトに入ってきたお客さんは、前回も話したとおり、リアルのお店で言うと『すでに何らかの興味を持ち、店内に入ってきた状態』**なんだよね。

そしてこの段階のお客さんには、大声を出すような呼び込みは不要なの。落ち着いて、相手の疑問や不安を丁寧にヒアリングして、売り手本人であるミキにしか生み出せないリアルな言葉で、それに応えてあげるだけでいいんだよ。**広告というよりは、メールや手紙に近い**かな。

ホームページのコンテンツって、サイトという場での『顔を見たことはないけれど、サイトの向こうに存在する、一人ひとりのお客さん』への『接客』だと私は考えてる。だから、『**ホームページのコンテンツを書いているとき＝接客中**』なの」

……たしかに、ホームページの文章っていうと、専門的な、なにか特別なものを書かなきゃいけないって思ってたような気がする。でもそうではなくて、見に来てくれた人たちに向けて、メールや対面でお問合せに答えるようなつもりで書けばいいのか。

ミキは、肩の力が抜けた気がした。たしかにそのほうが、具体的でリアルな、利用者さんの役に立つことを書けそうな気がする。

「そしてこれは逆説的に感じるかもしれないけど、接客中、つまりサイトのコンテンツを書いているときは、『**売上を上げたい。コンバージョン率を上げたい**』**という考えを一旦忘れてほしい**の。でないと、お客さんには『売り込み臭』がただよっちゃうから」

「ああ……なんとなくわかる気がする。洋服屋さんで、こちらのペースを見ずに声をかけてきて、自分の言いたいことばかり言ってくる店員さんに、ちょっと似てるかな。こちらの気持ちや知りたいこと、タイミングに配慮してくれてないって感じる」

「ミキ、いいこと言うね！　接客するときに『もし、自分がお客さんだったら』という視点を持つのは、とても大切だよ」

サキが目を丸くして、にっこり笑った。

デスクの中央に置かれた祖父の便せんに目をやりながら、ミキが言う。

「うん。おじいちゃんのメモの4つめにも、

四、接客では、売ることを忘れお客様を補助することに集中せよ

って書いてあるね。これが今日のテーマだね。売上のために売りたいんだろうなあ、って感じる店員さんがいたら、必要ないものまで売りつけられそうで、私も警戒しちゃうもん。買う気だったのにお店を出ちゃうことすらあるよね」

サキがうなずく。

「そうなの。とはいえ、売上から目を離すのは、怖いよね。会社は、固定費を抱えてる。社員やその家族を守らなければならない。私も、切羽詰まった状況の会社をお手伝いすることもあるから、よくわかるよ。

でもやっぱり、売上のことが頭の中心にあると、目が曇っちゃう。売上を上げたいと考えてサイトのコンテンツを書いているときって、お客さんに買わせよう、買わせようとしてる――お客さんをコントロールしようとしてしまっているんだよね。その状態だと、相手の状況への感性が閉ざされて、お客さんの細かな心の動きに気づかない。

他人にコントロールされたい人はいない。『自分の売上のために売りたい人』から買い

たい人もいない。お客さんは『売り手の売上を上げるため』ではなく、『自分の問題を解決したり、願望を実現したりするため』にお金を払う。私たち売り手の仕事は、無理やり売り込むことではなく、お客さんの意思と自発的な動きをサポートすること。そのほうが、**無理やり買わせようとするより、よほど自然に、確実に売れるようになる**よ。

だから、コンテンツを書き始める前にまず、お客さんに対する『コントロール願望』を捨ててほしいの」

お客さんに対するコントロール願望を捨てる……ミキは思いがけない言葉にちょっとドキッとした。こちらの都合ありきではなく、お客さんの思いや行動、主体性を尊重する、ってこと？　聞いた瞬間はちょっと意外に感じたけど、でも、看護の仕事で私が患者さんに対して大切にしていることと、同じだ。

ミキは、自分の仕事とサイト作りの共通点を見つけて嬉しくなった。患者さんご本人が持つ治癒力《ちゆりょく》を最大限発揮して、幸せな生活を送ってもらえるように、看護の世界でもいちばんの基本とされることだ。

どんな分野でも、「本当に大切なこと」は似ているのかもしれない。

サキが続ける。

「そして、**市場を俯瞰して立てたしっかりした戦略があるからこそ、この『接客』のステップで、お客さんへのコントロール願望を安心して手放せる**んだよね。

戦略を考えるときは、売上のことを思いっきり考えるよ。どうすれば、市場での自社の強みを最大限引き出せるかな？　カバー範囲を最大にできるかな？　売上が上がるかな？　って。

そうやって市場を俯瞰《ふかん》して、客観的に『これらのメッセージが伝われば、お客さんには買ってもらえる』ということがわかっているから、いざ原稿を書くときに、安心してお客さんのサポート——『お客さん、これでわかるかな？　動けるかな？』ということだけに集中できるの」

ミキはこれまでのレッスンで、その戦略がどれだけ心強く力強い柱になるか、充分理解していた。

「うん。これまでの努力が形になるかどうか、このステップにかかっているんだね」

「そう、そのとおり。そしてそのポイントは、これまでのステップと同じ。いかに、お客さんの理解と行動をサポートできるか、なんだよね。

それじゃ、今日のレッスンを始めるね。お客さんがスムーズに理解して行動を起こすために必要な、３つの基本原理からだよ」

伝え方

01

「そもそも、何を売っているのか」がわからないと売れない

お客さんはサイトに入った瞬間に知りたいけれど、売り手にはあたりまえすぎてつい忘れてしまうこと。それは「そもそも、何を売っているのか」です。

たとえばテレビCMをやっているような大手企業や有名ブランドなら、サイト内ではその説明を省略しても、お客さんはわかったうえでサイトを見てくれます。けれど一般に知られていないサイトの場合、まずはその自己紹介から必要です。

ここで言う「そもそも、何を売っているのか」とは、商品・サービス名に限りません。納期や、ロットに制限がある場合は最少／最大ロット数、地域ビジネスなら対応エリア、オンライン対応の有無などの条件面、業種によっては具体的な提供形態や商品ラインナップ（例：既製品の販売か、オリジナルオーダーか）も含まれます。

サイトに入った段階でお客さんがまず知りたいのは、「**自分が欲しいものを売っているか？（→具体的に何があり、何をしてくれるのか？）**」、そして「**自分はお客さんになれる**

のか？（→対応地域、ロット、納期などの条件は合うのか？）」です。

これらが確認できないままサイト内を読み進めることは、お客さんにとってリスクです。競合がいなければ、頑張ってサイト内を探してくれることもありますが、そうでなければ離脱して、わかりやすい競合サイトへ移動します。

ですのでこれらの情報は、ヘッダーやトップページのメインビジュアルなど、ファーストビュー（サイトに入り、スクロールせずに見える範囲）近辺に、極力配置します。

実際のお客さんの質問はもちろん、業界をまったく知らない方に一から自社の商品・サービスを説明した際に出る質問も、大きなヒントとなります。

また、商品が複数ある場合は、サイトに入ってすぐ具体的なラインナップを見つけられるように、トップページの上部に「商品一覧」を配置したり、「商品一覧」ページへのリンクをすぐ目に入る場所に置いたりします。

サイト内には、商品だけでなく、実店舗なら商品説明のＰＯＰやスタッフの接客にあたるような「読み物コンテンツ」も混在しています。**商品が一箇所にまとまっている「商品陳列棚」が、周りから明確に区別され、すぐ見つけられるだけで、お客さんにとってはとっても楽**なのです。

お客さんがまず知りたいのは「自分が欲しいものを売っているか？」「自分はお客さんになれるのか？」

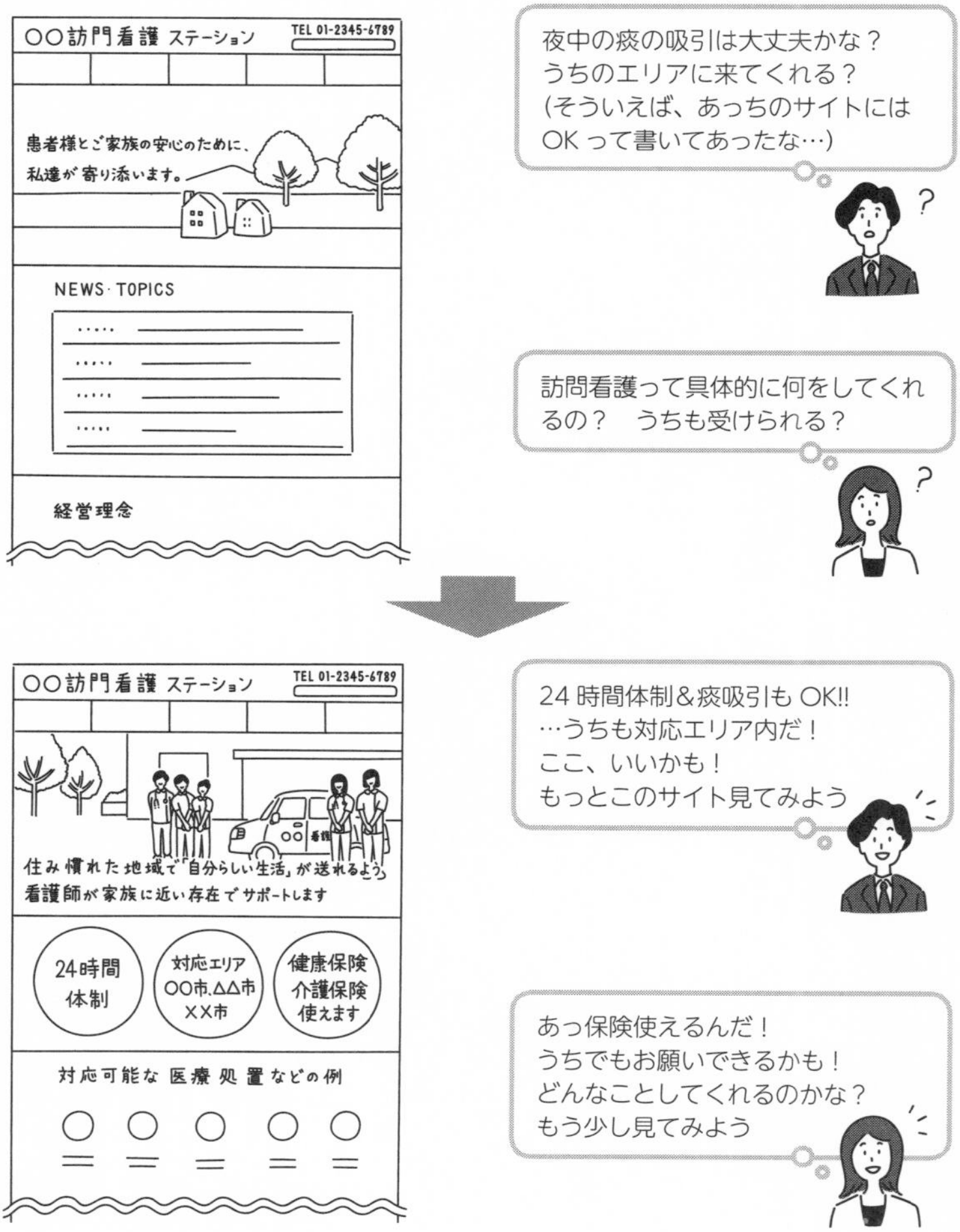
○○訪問看護 ステーション
TEL 01-2345-6789
患者様とご家族の安心のために、
私達が寄り添います。
NEWS・TOPICS
経営理念
夜中の痰の吸引は大丈夫かな？
うちのエリアに来てくれる？
(そういえば、あっちのサイトには
OK って書いてあったな…)
?
訪問看護って具体的に何をしてくれるの？　うちも受けられる？
?
○○訪問看護 ステーション
TEL 01-2345-6789
住み慣れた地域で「自分らしい生活」が送れるよう、
看護師が家族に近い存在でサポートします
24時間
体制
対応エリア
○○市、△△市
××市
健康保険
介護保険
使えます
対応可能な 医療処置 などの例
24 時間体制＆痰吸引も OK!!
…うちも対応エリア内だ！
ここ、いいかも！
もっとこのサイト見てみよう
あっ保険使えるんだ！
うちでもお願いできるかも！
どんなことしてくれるのかな？
もう少し見てみよう

伝え方

02

疑問や不安が解決できないと売れない

「買う」という行動を起こすのは、お客さんです。そして、お客さんの頭の中にある疑問や不安が解決できないと、お客さんは、買えません。

買っていただくためには、まず、自社のお客さんは潜在需要・顕在需要どちらの段階にいるかを考えます。そうして「認知」「需要の喚起」「疑問や不安の解消」「競合と比べた優位性・違い」のうち必要な情報を伝えて、購入まで導いていきます（第2章・P67）。

実はこの「需要の喚起」「競合と比べた優位性・違い」ですら、お客さん視点では**「なんで買う必要があるの？　買わない場合と比べてどんないいことがあるの？」「どの売り手を選べばいいの？　どう違うの？」という疑問への答え**、なのです。

その意識を持って原稿を書くのと、「自社の売上を上げるために。自社をアピールするために」と思って書くのでは、出来上がるサイトも、お客さんに与える印象も、その結果として現れる数字も、全然違います。

本書のメソッドでは、第2章の戦略作成ステップで「お客さんの疑問や不安への答え」「競合と比べた優位性・違い」とも、材料（メッセージ）が揃っています。

あわせてこの章では、**お客さんの疑問や不安を解消する普遍的な方法**も紹介します。

さらに、事前にわかっていることだけでなく、原稿を書いている最中も「**これで、お客さんわかるかな？**」「**こう書いたらどう感じる／どういう情報が欲しくなるかな？**」「**動けるかな？**」と問いながら、お客さんと双方向でコミュニケーションするような感覚で、コンテンツをつくっていきます。

ただ、お客さんが自ら疑問や不安を持てるのは、当然ながら、お客さんが知っている範囲内のことです。それを超えて、お客さんがまだ気づいていないことを伝えられるのは、プロである売り手しかいません。

その場合も、自分が言いたいことばかり言うのではなく、まずはお客さんの疑問や不安に答え、その後、伝えたいことを伝えるのが原則です。人は、疑問や不安が頭にある状態では、それ以外のことをいくら言われても、頭に入りづらいからです。

解決策としてまず**は自分が書きたいように書き、書いた後で順番をひっくり返すのもおすすめ**です（私自身もよくやります！）。

伝え方

03

お客さんの行動へのハードルを執念で取り除く

サイトのゴールは、お客さんにコンバージョンという行動を起こしてもらうこと。**どんなによいコンテンツをつくっても、お客さんが行動を起こさなければ、成果にはつながりません。**ですので、お客さんの行動に直結する「レスポンスデバイス（フォームやカートへのボタン、電話番号など）」周りは、サイト内でも特に、執念深く整えます。

迷わず見つけられるレスポンスデバイス

まず大切なのは、買う気になったお客さんが「**どこから行動すればいいのか**」、**迷わず、探し回ることなく、レスポンスデバイスを見つけられること**です。

レスポンスデバイスは、ヘッダーやページ脇の固定ボタンなど、見つけやすい場所に配置します。ページコンテンツの最後にも、読み終わった人向けに配置します。

そうして、どんなに慌てている人でも見逃さないよう、周りのコンテンツに埋もれない、パッと目立つ色・大きさ・形にします。

どこからでも見つけやすいよう、レスポンスデバイスを戦略的に配置

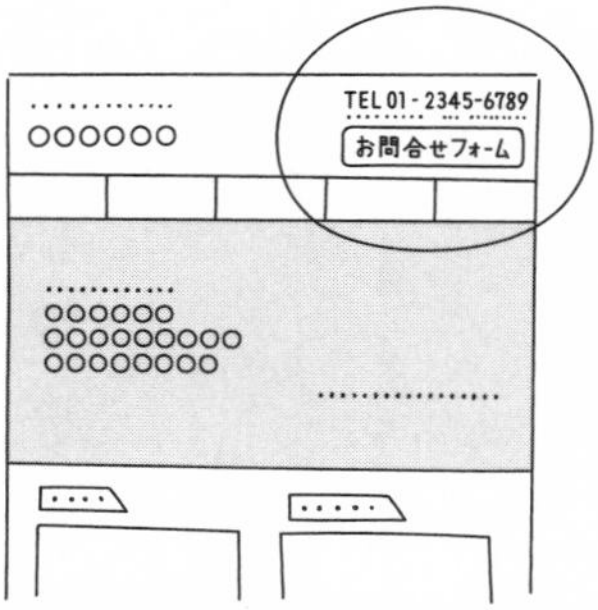

ヘッダー(パソコン)

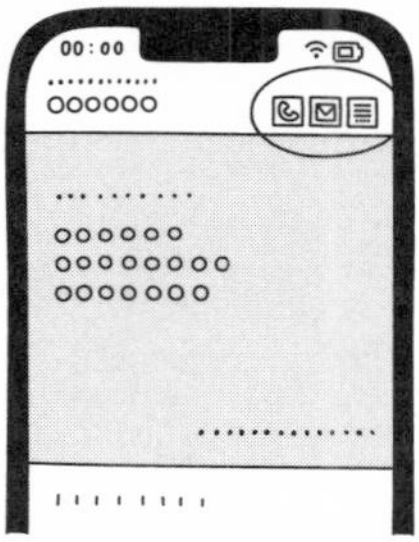

ヘッダー(スマートフォン)

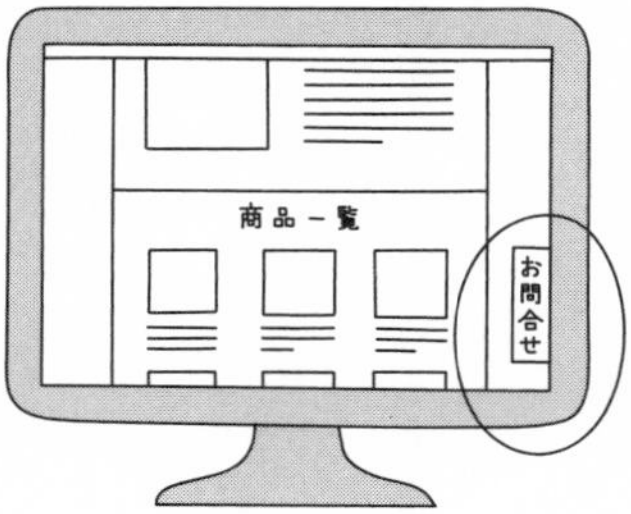

ページ脇の固定ボタン

ページコンテンツの最後

※レスポンスデバイスとは：コンバージョンに向かう、フォームやカート・商品一覧へのボタンや、電話番号など

お客さんに起こしてほしい行動が複数ある場合（たとえば商品のお申込みと、資料請求など）は、どれがメインでどれがサブなのか、大きさで差をつけると、見やすく、わかりやすくなります。

お客さんの行動を、先回りしてサポートする

行動を促す箇所では、**何をすればいいのかの明確な指示（誘導文）と、その先に起こることがイメージできるメッセージ**を入れると、お客さんは行動しやすくなります。

誘導文＝「まずはお見積をご依頼ください」「まずはこちらから商品をお選びくださ い」「〇〇をお知らせください」など。その先に起こること＝「〇営業日以内に返信」「〇時までのご連絡で即日発送」などです。

あわせて、時間がかかる、お金がかかる、面倒くさい、売り込みされる、冷たくあしらわれる、などの不安も、可能な限り取り除きます。

「かんたん1分入力」「平均〇分で完了」「無料」「無理な売込みはいたしません」「お電話でのお問合せも歓迎いたします」など。笑顔のスタッフ写真を入れるのも有効です。

「誘導文」と「その先に起こることの見える化」で
こんなに押しやすくなる

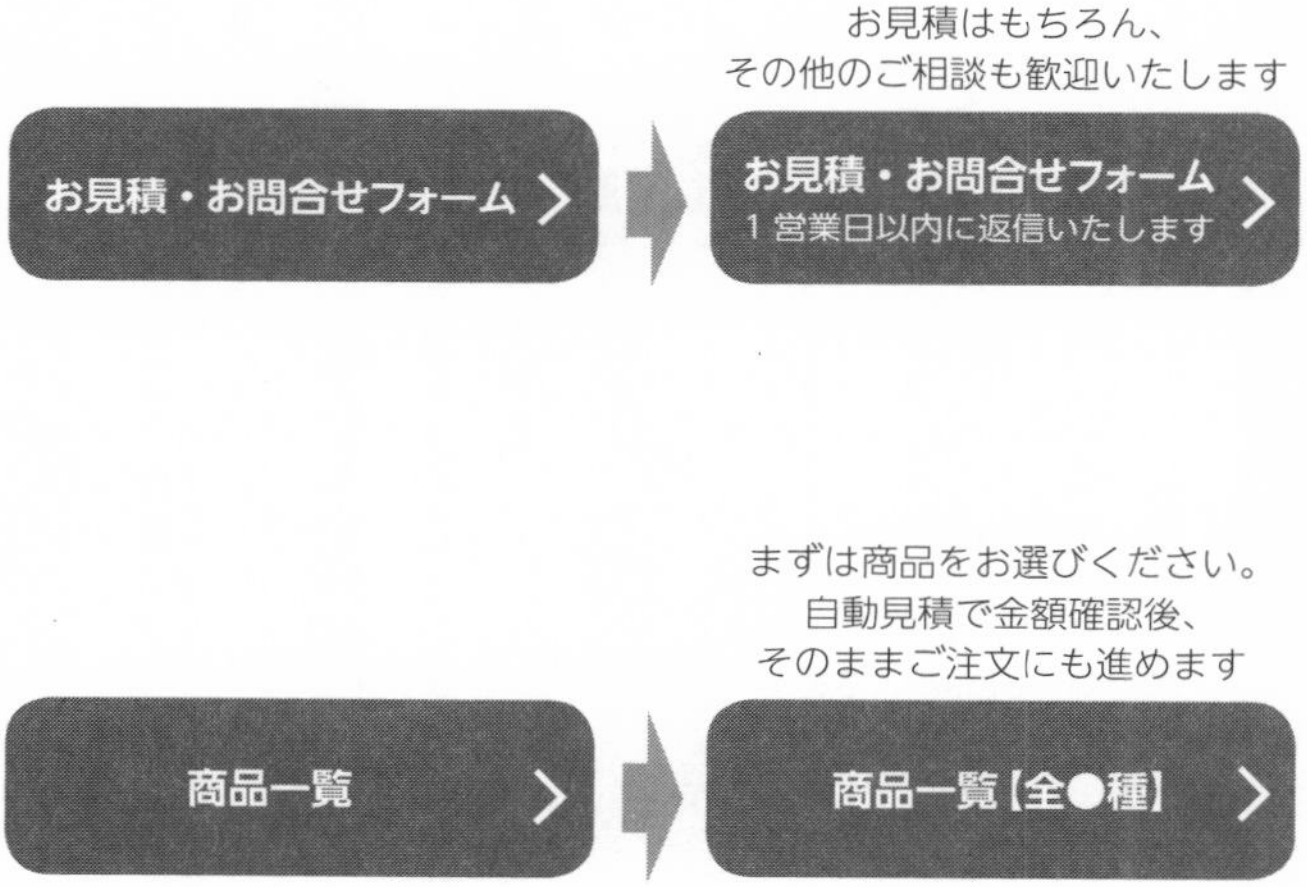

お見積・お問合せフォーム
お見積はもちろん、
その他のご相談も歓迎いたします
お見積・お問合せフォーム
1 営業日以内に返信いたします
まずは商品をお選びください。
自動見積で金額確認後、
そのままご注文にも進めます
商品一覧
商品一覧【全●種】

入口をただ置いておくのではなく、「お客さま、どうぞこちらです」と、ドアを開けて誘導するようなイメージです。

さらに、行動を起こすのに必要な情報・ツールが揃っているかを確認し、備えます。これは、お客さんの立場で実際に行動をシミュレーションしてみないと、気づけません。逆に、**シミュレーションするだけで気づけることがたくさんあります**。

電話番号のそばには必ず、受付時間・定休日、さらに通話料無料の場合はその表記（携帯電話も含め無料ならその旨も）をセットで備えます。状況に応じ、受付窓口名や担当部署名なども入れると、お客さんは電話しやすくなります。

お客さんに自力で何かをやってもらう場合は、その方法も、先回りして手取り足取りサポートします。たとえば「現在使用中の商品の型番」や「注文番号」などを知らせてもらうなら、「どこに書いてあるのか」を合わせて伝えます。少し複雑な作業だったら、写真や図を使ったマニュアルにすると、さらに伝わりやすくなります。

こうして、**お客さん次第になりかねない「不確実」な要素を、こちらで先回りして動くことで、ひとつひとつ「確実」に近づけていく**のです。

ちょっと根気と手間が必要ですが、一度売り手が踏ん張って整えれば、その後何千人、何万人のお客さんが楽になります。お客さんの行動の成功確率が上がることで、売上・利益としても必ず返ってきます。顧客対応スタッフもずっと楽になります。

行動を起こすのに必要な情報・ツールが揃っているか確認し、先回りして備える

0120-XX-XXXX
受付何時までかな？今電話していいのかな？　明日でいいか
（そして忘れる）
通話料無料（携帯・PHS 可）
0120-XX-XXXX
8~18:00（土日祝 休）
よし、間に合う！電話しよう！
修理の場合は
現在お使いの商品の型番をお知らせください。
どこに書いてあるの…？
修理の場合は
現在お使いの商品の型番をお知らせください。
商品本体のふたを開いた内側に記載しています。
すぐわかった！これを送ればいいのね！
写真でのお見積をご希望の場合は、〜と〜と〜を撮影してお送りください。
これでいいのか…？文章だけじゃむずかしいな
写真でのお見積をご希望の場合は、以下３点を撮影してお送りください。
写真だとわかりやすい！　これは助かる…！

複数商品は、違いがわからないと選べない

商品が複数ある場合は、ただそれぞれの強みをバラバラに訴えるだけでは、お客さんは選べません。その**「違い」をお客さんが理解して選べるように、端的に伝えます。**

「端的に」とは、お客さんから「結局、どう違うんですか？」と聞かれたときに答える内容です。「〇〇重視の方におすすめ」など、対象者を入れるのも有効です。

また、その「違い」は、**商品写真の中や見出しに強調して入れたり、図解したりして、見比べているお客さんが視覚的にパッと見つけやすいようにします。**お客さんに「よく似た画像の間違い探し」や「文章の中からの解読」をさせないよう、整えます。

フォーム内の疑問・不安・負担も極限まで取り除く

急いでいる方、ネット回線やパソコン・スマホの調子が悪い方、体調が悪い方、疲れている方でも、極力負担なくスムーズに送信完了できるように、整えます。

お客さんが記入に迷いそうな項目は、補足説明を見られるようにします。お客さんの記入を見守りながら、タイミングを見てさっと資料を差し出すイメージです。

たとえば印刷業の場合、注文数は「最少／最大ロットと受付単位」がわからないと記入

できません（サイト内のどこかで目にしていても、多くのお客さんは、それを正確に覚えてはいません）。この場合、記入欄そばに「○枚から○枚まで、○枚単位」などの説明を入れておきます。情報量が多すぎて記入欄そばに書けない場合は、モーダルウインドウなどを使い、参照できるようにします。

電話番号や生年月日など「書きたくないな」と思う方がいそうな項目は、お客さんが躊《ちゅう》躇《ちょ》したその瞬間に目に入るよう、記入欄そばに納得感ある理由を書いておきます。電話番号なら「お問合せ内容に関して確認が必要な場合などのために、ご記入をお願いいたします。その場合も、無理な売り込みはいたしません」、生年月日なら「酒類の提供があるため、ご記入をお願いいたします」などです。

入力後、送信前に表示される「確認画面」で離脱してしまう方も、意外といます。間違えて離脱することがないよう、「まだお申込は完了していません」などの注意書きを、開いた瞬間に目に入るよう、確認画面の上部に目立たせておきます。

たとえばメールアドレスとお名前だけなど、特に確認画面が必要ない場合は、入力画面から直接送信できるようにすると、負担が1画面分減り、完了確率が上がります。

フォーム内の疑問・不安・負担を取り除くポイント

執筆時点での対策例を以下に挙げましたが、フォーム内は、時代により進化していく場所です。普段の生活の中で出会うサイトも常に観察し、よいことはとり入れ、どんどんアップデートしていってください。

・デザインは明るい色で（気分に影響を与えます）
・文字入力欄を大きめにする（心理ハードルが下がります）
・必須項目の精査。任意でよいものは任意にする
・必須と任意の区別が視覚的にわかりやすいように、アイコンなどをつける
・チェックボックス・ラジオボタン・プルダウンメニューは、項目により、どれがいちばんお客さんが入力しやすいか精査（巻末資料 P218 参照）
・まとめられる文字入力欄はまとめる　例：姓と名
・記入例を表示する
・補足説明は、リンクを押さなくても見えるよう、可能な限りその場に書く。情報量が多い場合は、モーダルウインドウなどで参照できるようにする
・書きづらいと思われることは、聞く理由も書く　例：電話番号・生年月日
・電話 / 郵便番号は、数字キーボードが開くように（スマホの場合）
・電話 / 郵便番号のハイフン（－）は必要か？　なしでよければお客さんは楽
・郵便番号を入れたら住所が出るように
・「次へ」「送信する」などのメイン導線のボタンを大きく目立たせる。「戻る」などのサブ導線のボタンは控えめに
・確認画面のいちばん上に「まだお申込は完了していません。以下内容でよろしければ、画面下部の『送信する』ボタンを押してください」などと書く
・確認画面は必要か？　なしでもよければ直接送信できるように
・アンケートなど、コンバージョンに不要な項目は極力入れない。必要な場合は、コンバージョン後にメールで依頼する方法も

＊＊＊

「こんなことやってるんだね……ちょっと大変そうだけど、でもたしかに、お客さんはすごく助かるよね。そしてその結果として、行動を起こしてもらえて、売れるのか」

ミキは組んだ手のひらを頭に乗せ、背もたれに背を預けながら言った。

「そうなの。そして今の話は、メインのレスポンスデバイスに限らない。たとえばサイト内に『詳しくはお問合せください』と書く場合は、その場に問合せ先を、電話番号は受付時間と定休日もセットで書いておく。お客さんに探させない。

メールやSNS、チラシなどでも同じ。それを読んだ人に、何の行動をとってほしいのか考えて、レスポンスデバイスを置き、整えておく。

サイトのコンテンツそのものではなく、その先にいるお客さんの『流れ』を見てるんだよね。**サイトに入って、①『そもそも何を売っているのか』を理解し→②メイン通路で疑問や不安を解消して→③コンバージョン完了できるまで、**お客さんの視点でシミュレーションしながら、ひとつひとつ整える。

原稿作成ステップの魔法の言葉は、『**お客さん、わかるかな？**』『**どう感じる／どんな情報が欲しくなるかな？**』**そして**『**動けるかな？**』だよ」

「あ、戦略作成ステップでは、『**お客さん、選べるかな？**』だったよね」

サキが嬉しそうにうなずいた。

「よく覚えてたね！　私自身、クライアントのサイトを見るときは、この4つの言葉を、おまじないのように頭の中で唱え続けてる。あとは『**情報設計の氷山モデル**』。それしか考えてないの。そうして、個別のケースにあわせて考えてる。本当に、それだけ。

どんな業種・業態でも、何千ページある大規模サイトでも、激烈競争市場で闘うワンシーズンで数十億円売るサイトでも、同じ。シンプルだよ。

自分ひとりでは難しければ、お客さんや家族、お友達にシミュレーションしてもらってもいいと思う。ただしその場合、『もし自分が、買うことを検討している、見ず知らずのお客さんだったら』という視点で、なりきってコメントしてもらってね。その視点があるかどうかで、サイトへの感想ってだいぶ変わるから」

「うん」

ミキは、自分にもその視点が生まれつつあることに気づき、少し驚きながら答えた。

「前提として、見ず知らずの新規のお客さんは、私たちが思う以上に『不安』だし『わからない』の。まず、それを知ること。そうして、まるで会社やお店にリアルで来てもらい、対面でお話ししているようなサイトをつくる。**よくある不安や疑問を解消し、まだお会いしていない方とも『絆』をつくるサイト**だよ。次は、そのための話をしていくね」

伝え方

04

「顔」「現場」「実績」が見えるとお客さんは安心する

オンライン上で初めて出会うお客さんは、**売り手がどんな人（たち）で、どんなふうに仕事をしていて、どれだけお客さんに喜ばれ、実績があるかを、まだ知りません。**

まだ会ったことがない、絆ができていないお客さんに信用していただくには、これらをサイト上で「見える化」します。

特に写真は、伝えられる情報量が多く、コンバージョン率に大きく影響します。

あるクライアントは、他社にはない丁寧な教育体制と、それによるあたたかい社風が大きな強みです。そのためサイト内の随所で、研修やイベントの様子、笑顔でいきいき働くスタッフの様子を、写真付きで丁寧に解説しています。

別のあるクライアントは、豊富な在庫を証明するため、新商品を追加するたびに、半日かけて写真を撮っています。

プロのカメラマンに撮影料を支払い、ときには何十人というスタッフが動いても（＝その人件費を負担しても）、**サイトのコンバージョン率が上がればすぐ売上として返ってくることを、経営者がよく知っている**のです。

オーダー商品の「制作実例」や、修理・リフォームの「ビフォア・アフター」写真は、仕上がりのイメージができるという点で「商品一覧」の役割も果たします。

ただし、どんな写真でもただ載せればいい、ということではありません。お客さんを不安にさせてしまう写真では、逆効果です。

たとえば人物写真のポイントは、**「一度も会ったことがない、自分たちのことをまったく知らないお客さんに、この写真だけで好きになってもらえるか？」**。この基準と、商用サイトに載せる写真であることを、必ずカメラマンにも伝えます。普段の「記念写真」とは、求められる基準が大きく違うからです。

具体的には、安心して仕事を任せられそうな「自然で明るい笑顔」「シャキッとした姿勢」「その仕事らしい衣装・清潔感」に気を配ります。逆に「暗い、ぶすっとして見える」「姿勢が悪い」「目にかかる前髪や髪のハネ、ゆがんだネクタイや上着、ヨレっとして見える服装、手元写真の汚れた爪」などはＮＧです。

商用サイトは商談の場ですので、プライベートの写真とは分けて考えます。業種によりますが、腕組みなど、実際のお客さんの前でしないポーズはおすすめしません。

撮影時は、「はい撮りますよーーー。はーいカシャ！」と撮ると、表情が硬くなるので、グラビアの撮影のように、会話をしながらパシャパシャパシャ、と、とにかくたくさん撮ってもらいます。その中から、**自然な笑顔が出ている「奇跡の一枚」**を選びます。

また、仕事場での撮影では、普段は気にならなくても、写真に入ると雑然と見えてしまうものが意外とあります。たとえば背もたれの衣類、デスク上の私物、不要な段ボール、コード類など。カメラマンにも協力いただきながら、よけて撮影します。

写真の他に、メディア紹介実績はもちろん、取引・納入実績の掲載も、売り手が考える以上に、初対面のお客さんにとっては大きな安心材料です。「実績がある」とは、それだけ経験があるということ。また、**それだけ長く顧客に支持され続け、ビジネスを継続しているというだけでも、お客さんにとっては安心**なのです。

納入先のお名前が入れられない場合は、たとえば商品仕様や納入年月日、市区町村名を入れるなど、可能な限りのリアル感を伝えられるようにします。一部を抜粋して掲載する場合は、それですべてだと誤解されることのないよう、必ず「一部抜粋」「その他、全国多くのお客様」などの言葉を入れておきます。

伝え方

05

「お客様の声」はやっぱり最強である

「スタッフや現場の写真」「実績」と並んで、どんなサイトでもコンバージョン率に大きく影響する定番コンテンツが「お客様の声」です。お客さんに直接書いていただくだけでなく、写真付きインタビュー記事として掲載するのも有効です。

お客様の声は、お客さんがその商品・サービスで手に入れたい「結果」であり、**「実際に喜んでいる人たちがいる」という何よりの証拠**。大量であるほど、人気店の行列のような視覚効果があります。

また、第三者の言葉には、**本人の言葉だけでは得られない客観的な説得力**があります。たとえば「親身な対応に感動した」「誠実な人柄」「商品に大満足」といった、自分で言っても説得力がない内容は、お客さんに語っていただくのがいちばんです。

お見積書などに添付する営業資料としても、お客様の喜びの声の威力は絶大です。

ここで重要なのが、サイト掲載用の「お客様の声」は、満足度調査やリサーチ用アンケートとは別に集めるということです。「満足度1～5」の選択肢に丸がついているものや、その結果をグラフで見ても、お客さんの「心」は動きません。入力欄が一問一答式だと、「はい」「○○さんの紹介です」「満足です」「ありがとうございました」と、項目ごとにブチブチと、お客さんの言葉も、読み手の気持ちも途切れてしまいます。

そうではなく、長文が書けるフリー記入欄に、お客さん自身の言葉で、自由に、熱く喜びを語っていただきたいのです。**売り手の具体的な強みが伝わるだけでなく、読み手の心まで動かす、エネルギーあふれる「お客様の声」は、最強**です（お客様ご自身で書いてもらうのが難しい場合は、お客様インタビューがおすすめです）。

また、ご指摘を含むお客様の声は、そのまま掲載すると、検討中のお客さんを不安にしかねません。が、スタッフコメントをつけることで、情報を補足し、その後の改善策と売り手の姿勢が伝わるようにもできます。「弱み」から「強み」への転換です。

まずはお気持ちを受け止めて、お礼を書く。対策の報告、もしくは参考にさせていただく旨を書く。最後に、次につながる言葉を書く。

書いたご本人だけでなく、それを見ている**検討中の多くのお客さんに余計な不安を与えないよう、配慮する**。それが、「売り手も買い手も、みんな幸せ」のためのポイントです。

伝え方
06

「攻め」と「守り」のバランスをとれ

おことわりや注意事項など「守り」のメッセージにも、マーケティングの「攻め」視点を入れてバランスをとり、お客さんの疑問や不安に配慮します。

たとえば年末年始など、休業を事前告知する場合。

サイトを開いてすぐの場所に、赤など目立つ色・大きな文字で書くと、休業前からコンバージョン率が落ちることがよくあります。メインのコンテンツに対しあまりに強く目立ちすぎていると、**「歓迎されている印象＝ウェルカム感」を損なう**のです。よく読まずに、すでに休業期間だと勘違いして立ち去られる可能性もあります。

あるクライアントは、必要な方が確実に見つけられるよう、同じくサイトを開いてすぐの場所に案内を入れていますが、そこでは「年末年始休業とご注文納期について」というリンクを貼るにとどめています。そうしてリンク先で、休業の案内だけでなく、休業前の発送を希望する方に向け、各商品のご注文締切日時を具体的に記載しています。

休業前にお客さんが知りたいのは、「いつからいつまでが休みなのか」とあわせて、**「い**

つまでに注文すれば、休業前対応に間に合うのか」のはず。その疑問に先回りして答え、売り手も売上を極力失わない、素晴らしい例だと思います。

（ちなみにこの例は、『年末年始休業とご注文納期について』という、押さなくても中身がわかるリンク文言も大きなポイントです）

また、できないこと、やっていないことを伝える場合は、**お客さんにとってもメリットがある理由**を書くと、お客さんの気持ちに配慮でき、理解・協力を得やすくなります。

たとえば変更・キャンセルを受け付けていないなら、ただ「受け付けておりません。ご了承ください」ではなく、「ご注文完了後の変更・キャンセルは承ることができません。少しでも速く、確実に商品をお届けするための取り組みです。ご注文前に、いま一度、内容のご確認をお願いいたします」など。

「値引きはありますか?」というご質問への答えなら、ただ「やっていません」ではなく、「他のお客様に申し訳ないので、値引きは承っておりません」と書けば、「公平で誠実な売り手だな」と感じてもらうこともできます。

代替手段の提案も、お客さんは助かり、喜ばれます。「○○は取り扱っていません。○○な理由でおすすめできないからです。代わりに○○をおすすめします」などです。

伝え方

07

お客さんは「プロとしての見解」を聞きたい

コンテンツを書くにあたり、どうしても、どこかで聞いたような一般論や、抽象的な美辞麗句、いかにも広告っぽい言い回しに逃げてしまうサイトも多いです。ですが、自分の言葉で書かないと、説得力は生まれません。お客さんは、あたりさわりのない一般論ではなく「あなたの」プロとしての見解を聞きたいと思っています。

自分の言葉で意見を表明するとは、責任が発生するリスクを伴うということ。だからこそ、**その覚悟が伝わり、お客さんに響きます**。

また、競合サイトにあっても違和感がない、どこにでも書いてあるようなことは、わざわざあなたのサイトで読む意味がありません。読む必然性がない文言が続くと、お客さんは、「読む価値なし」と、読むのをやめてしまいます。

お客さんのことを思い、売り手として責任を引き受け、スタンスを表明するのは、自社の売上のためのポジショントーク（立場ありきのトーク）とは別の話です。

オリジナルの商品・サービスはもちろん、メーカー品の紹介でも、「自社のお客さん」を見て、あなたというプロだから言ってあげられることが、きっとあるはず。

たとえば、市場に流通する数多い商品の中から自社での取り扱いを決めた理由、どんな人におすすめか、どの点に気をつけて選べばよいか、おすすめの使い方、などです。

また、業界や社会に対して、何か言いたいことがあるかもしれません。

その場合は、誰に向けて書くかで、伝わり方が大きく変わります。書くべき相手は「嫌いな人」ではありません。**「これから出会うべき、大切な人（お客さん）」**です。

ある方が、いくつかのサイトを見比べて「伝えよう、という気迫と本気度って、サイトで伝わるものですね」と言っていました。

「売上のために仕方なくやっているのではなく、お客さんを思い、伝えたいことがあるんだな」と、お客さんは敏感に感じとります。**そしてそれが、「ウェルカム感」の大きな要素となります**。クライアントに届く「お客様の声」にも、「だから安心して、絶対ここで買おう！　と決めました」と、よく書いてあります。

こうして買う前から信頼され、絆ができ、指名される売り手となっていくのです。

伝え方 08

代表者メッセージがただの「挨拶」ではもったいない

代表者メッセージも、ただの一般的な美辞麗句や挨拶だけでは、お客さんにとって意味のあるコンテンツになりません。

なぜ、この事業を始めたのか。それには、どういうストーリーがあったのか。この事業を通して、誰をどう幸せにし、どういう社会的使命を果たしていきたいのか。

どんな人にも固有のストーリーがあり、これまで経験したすべては、つながっています。すぐにわからない場合は、子ども時代や創業当初からの「環境」「出来事」「思い（ポジティブもネガティブも）や考え」「得意なこと、喜ばれたこと」を、順を追って書き出し、現在の事業につながる「線」を見つけていきます。そうして書いた代表者メッセージには、「これに感動して、申込みました」という「お客様の声」が絶えません。

受け取る（買う）かどうかはお客さん次第。そして買っても、それを幸せと思うかどうかは本人次第。**それでも、「あなたを幸せにしたい」とオファーすることは、多くの人の心を打つ**のです。

＊＊＊

「さ、ここで一区切り。少し休憩しようか。温かいお茶を淹れるね」

サキがミニバーに立ち、電気ポットのスイッチを入れた。お湯の沸く音を聞きながら、ティーバッグを準備している。

ミキはメモしたノートを見直しながら、サキに話しかけた。

「サイトにこだわる重要性を改めて実感してるよ。今まで意識してなかったけど」

「そうなの。あるクライアントも、写真なんてどれも同じだと思ってたって。でも、やってみたらお客さんの反応の違いを実感して、今ではどんどん写真に投資されてるよ。あと、**『前からやってたことをサイトに出すだけでこんなに違う、というのが衝撃』**とも言ってた。**『書いていないことがいっぱいある。そりゃ知られてないよね』**って」

ふたりぶんのお茶を手に、サキがデスクに戻った。下のデリカテッセンで買っておいたくるみのクッキーを出してきて、ふたりの間に置く。

「伝えないと、お客さんは知りようがないもんね。私もできることからやってみよう」

「そうだね！　ミキの訪問看護事業の場合、以前も少し話したように、サイト上での表現にはいくつか規制があるから、遵守して。法令は随時改定されるから、厚生労働省のサイトなどで常に最新の情報をキャッチアップして進めてね」

「うん。判断に迷うことは、保健所に確認するよ」

「そうだね、いいね！　……あ、このクッキー、美味しい♡」

「ほんとだ、美味しい！」

クッキーをつまみながら、しばしおしゃべりタイムだ。サキが言った。

「このレッスンをするにあたって、改めて、サイトを活用して成果を出している方とそうでない方、何が違うのかな？　って考えてみたの。

もちろん、ノウハウ、知識量の違いもあるんだけど。それ以前にいちばんは、サイトの内容が、どれだけ繊細にお客さんの気持ちや行動に影響を与えるかを知っている、ということなんだよね。やってみた人だけが、それを知ってる」

「うん」

「あるクライアントは、もともと掲載していた『お客様インタビュー』が、個人のお客様のものだったの。でも、その会社の強みには、法人のお客様が喜ぶ特徴が多くて、どちらかというと個人より法人に向いているんだよね。それで、法人のお客様のインタビュー記事をいくつかつくってサイトに掲載したら、それだけで法人のお客様が増えたの。結果、客単価（成約１件あたりの売上）も上がった。そういうことは、よくあるよ」

「そんなに影響が出るんだ……知らなかった」

「うん。**鏡のように、発するメッセージに呼応するお客さんが集まってくる**よ。

あと、レッスンの復習になるけど、『ウェルカム感』はめちゃくちゃ大事だから、コンテンツをつくるうえで常に忘れないようにしてね。

人は、自分のことを好きな人・歓迎してくれる人を好きになるのは簡単だよね。そして、自分のことを嫌いな人・歓迎してくれない人を好きになるのは難しい。だから、サイトにもウェルカム感が大切なの。実店舗と同じ、ううん、対面してないからそれ以上だね」

「うん、わかった！　気をつける。それには……」

ミキは少し考えて、言った。

「魔法の言葉のうち、『お客さん、どう感じるかな？』を常に忘れないこと。そして、常にお客さんの幸せのために書くこと、だね」

「そうだね！　素晴らしい!!　そのとおりだよ」

サキはにっこにこだ。ミキも嬉しくなって、続けた。

「今朝、コントロール願望を捨てる、って言葉を聞いて思ったんだけど。私が看護の仕事で大切にしていることと、似ているの。患者さんのＱＯＬ（人生・生活の質）向上と、ご本人の幸せのために、ご本人の思いと意思を尊重して、ケアしているよ」

「そうだね。相手をコントロールしようとするのではなく、相手を尊重し、相手の幸せを願い、サポートする。私がサイト上でやっていることと、同じだと思う。**無理やり買わせようとするのではなく、『お客さんが買えないとしたら、原因は何だろう？』と考えて、一つひとつ、解決していく。**買えない原因はいろいろあるけど、それを、ここまでのレッスンで伝えてきたよ」

「なるほど……」

無理やり買わせようとするのではなく、買えない原因を見つけ、解決していく。ミキにまたひとつ、新しい視点が生まれた。

「あわせて、知っているだけでグッと伝わりやすくなる『伝え方の基本テクニック』もあるから、次はその話からしていくね。

コントロール願望を捨てて、伝え方の基本的な知識を持つ。それが、『伝わって、お客さんが動きたくなり、結果として売れる』コンテンツをつくる秘訣だよ」

伝え方

09

「お客さんのメリットは何なのか」あと一歩踏み込む

「相手に自発的に行動を起こしてもらう伝え方」のいちばんの基本は、その人にとってのメリットを理解してもらうことです。

マーケティングの場合は「お客さんのメリット」となるのですが、**多くの場合、売り手が考える「お客さんのメリット」は、あと一歩〜数歩、踏み込みが足りません。**

たとえば、幅広く商品・サービスを揃えている場合。

「○○から○○まで、幅広いラインナップ」だけでは、まだ「お客さんのメリット」としては足りません。むしろ専門性に不安を抱かせる場合すらあります。

↓「だから、一貫してお任せいただけます」――まだ踏み込めます。

↓↓「一貫して任せられる。だから、問合せや情報共有の手間が省ける・コストが省ける・融通が利く・連携が社内なので速い・品質を保てる・情報漏えいリスクが低い」――ここまで踏み込んで、やっと「お客さんのメリット」となります。

「お客さん視点での結論は?」「この機能があると、お客さんにとって、具体的にどんないいことがあるのか?」「そもそもお客さんは、この商品・サービスを使って、何を解決し、何を実現したいのか?」あと一歩踏み込めないか、常に考えます。

そうすることで、売り手が提供できる価値＝「お客さんのメリット」を最大限引き出すことができます。

こうして引き出した「お客さんのメリット」は、本文中はもちろん、見出し、キャッチコピー、写真の説明文など、とにかくありとあらゆる場所で、いかに伝えられるかに心を砕《くだ》きます。

特に、**サイトを流し見したときに目に入る「見出し」が「具体的なお客さんのメリット」になっていること**は、コンバージョン率に大きな影響を与えます。

価値は、売り手から伝えないと、伝わりません。

「自慢」「売り込み」と「お客さんに喜ばれる伝え方」の違いは、「出会うべきお客さんの、幸せのため」であること。ここでも、それがポイントとなります。

伝え方

10

「抽象」には必ず「具体」がセットと心得よ

ある日、羽田空港で見かけた清掃のポスターに、「空港をきれいにするために、考えて工夫して技術を磨きます。」とありました。羽田空港さんらしさを表した、よく考えられたキャッチコピーです。ですがこれだけでは、知らないお客さんには「本当にそうなのか」「どれくらい、そうなのか」は、わかりませんよね。

そこでこのポスターでは、清掃する作業員さんの写真とあわせて、12個の具体的なコツや方法を掲載し、抽象的なキャッチコピーを「証明」されていました。「タオルは八つ折りが基本　1ヶ所拭いたら裏返して次を」なんて、イメージも湧きやすく、素晴らしい具体例だな、と思いました。

（ちなみに羽田空港は、英・ＳＫＹＴＲＡＸ社の調査で、『世界で最も清潔な空港』第１位に何度も選ばれているそうです）

「安心と信頼」「こだわっています」「お客様のために誠意をもって」……このような抽象

的なキャッチコピーは、書くだけなら誰でも書けます。また、簡単に真似されます。**ですが「具体」は、本当にやっている売り手にしか書けません**。

そして人は、**「知らないもの」を抽象語句だけで理解するのは、難しい**です。

「抽象」には必ず「具体」をセットで備え、証明・補強する。これにより一気に説得力が増し、伝わりやすくなります。

「具体」とは、数字、固有名詞、実例、具体例、実際の内容、実物の写真などです。「具体的には？」と問いながら、掘り下げていきます。

「安心と信頼」なら、なぜそう言えるのか。たとえば操業年数、顧客数、実績数、お客さんに安心・信頼していただくための具体的な工夫や仕組み、体制など。

「こだわっています」なら、具体的な手順や仕組み、材料の産地や製法、写真など。

「誠意を持って」なら、具体的な仕組みや体制、実際のお客様の声など。

「思い」は「具体」によって現実化され、証明されます。「具体」を積み重ねることで、わかりやすく、納得感があり、リアルなイメージが湧く、**その売り手だからこその唯一無二のサイト**となっていきます。

結果的に、それが大きな差別的優位性となっていくのです。

伝え方

11

情報の見せ方は読み手に合わせてカスタマイズせよ

「誰が、何のために見るのか」によって、コンテンツの最適な形は変わります。

納入実績や納期表、価格表など、社内資料を元にコンテンツをつくる場合は、社内の人たちと初めてのお客さんでは、持っている前提知識が大きく違います。

たとえば、本題に入る前に**「そもそも、価格（納期）は何によって決まるのか」**と前提を補足するだけで、いきなり表を見るよりもずっと理解しやすくなります。

その他、専門用語の説明、写真や詳細の補強、ウェルカム感が感じられる言葉遣い、必要に応じたコンテンツの追加／カット／再整理など、お客さんにとってわかりやすく、メリットを感じられ、具体的なイメージが湧くよう、カスタマイズします。

メーカー品を仕入れている場合のメーカー支給資料も同様です。そのまま掲載できる箇所はよいのですが、あわせて、自社のお客さんに向けわかりやすく、メリットがしっかり伝わるようカスタマイズします。特に写真は、足りなければ撮影します。

公的機関での手続き案内やメーカーのショールーム案内など、外部情報を案内する場合は、外部サイトへリンクを貼るだけでなく「自社のお客さんに関係ある情報だけを抜き出し、ポイントをまとめたオリジナルのページ」をつくることができると、お客さんはとても助かり、スムーズに理解・行動しやすくなります。全国を対象につくられたショールーム案内を、自社の地元向けにカスタマイズする、などです。

サイト内でも、たとえば出荷日などサイト全体のルールが適用されない例外的な商品がある場合は、各商品ページをそれに合わせてカスタマイズします。

ちょっとカットしたり、ちょっと文章を変更したり、その程度でも**「関係ない情報が混じっていない」だけで、お客さんはずっと楽になります。**

その場所を見るお客さんのために、「これでわかるかな?」「どう感じる／どんな情報が欲しくなるかな?」「動けるかな?」と魔法の言葉を頭の中で唱えながら、整えます。

これにより、わかりやすく使いやすい、さらに**「自分たち（お客さん）のために、つくってくれてるんだな」と感じられるサイト**が出来上がっていきます。

伝え方
12

「お客さん向けの言葉」になっているか点検せよ

細かい言葉も、売り手には些細に見えますが、サイトだけが手がかりのお客さんには重大なつまずきポイントとなりかねません。そのため、丁寧にチェックします。

まず、**「冷たい」「失礼」「歓迎されていない」といった印象を与える表現がないか、お客さん向けの言葉遣いになっているか**を、チェックします。冷たい表現は、特に「よくいただくご質問」のページや、但し書きの中で、意外と見かけます。

たとえば「〇〇はやっていますか?」という質問には、ただ「可能です」「対応しています」ではなく「はい、承ります」と答えるだけでも、ウェルカム感が出ます。

自社の強みを伝えたい場合は、「私たちの強み」と自分たちで言うよりも、「こんなところをお喜びいただいています」とお客さん主体の表現にするだけで、「感謝の表現」へと印象が変わります。

自社のお客さんが理解しやすい、共感しやすい言葉になっていることも大切です。

同じ内容でも、たとえば「世代」「業界関係者か、専門外の方か」「価値観やリテラシー」「お客さんの、商品・サービスへの思い入れの強さ（マニアック度合い）」などでも、使われている言葉は違います。「この言葉で、お客さんはわかるかな？　これは、お客さんも使っている言葉かな？」と問いながら、整えていきます。

社内用語や業界専門用語は、お客さんにとっては「意味不明語」です。使用する場合は、カッコ書きや注釈で、初めての方でもわかるように必ず解説を入れます。

商品・サービス名の固有名詞（御社独自の言葉）も同様に、それだけでは「意味不明語」です。この場合、商品名に添えるキャッチコピーで「そもそも、どういう商品なのか」を解説すると、伝わりやすくなります。

また、**サイト内で固有名詞の表記がばらつくことがないよう、統一**します。

たとえば「スポットコンサルティング」というメニューが、別の箇所で「単発コンサルティング」と書かれていたら、初めてのお客さんは、似ているなあと思っても、同じものか確信が持てません。

社内では、わかっている人同士なので、この程度の揺れ幅で複数の言葉が使われていることがよくありますが、お客さん向けにはいちばんわかりやすいものに統一します。

キャンペーン・休業期間など、日付の記載には「年月日・曜日・時間」がセットです。

インターネット上では、古い情報のまま更新されていないサイトに出会うことも、よくあります。初めてサイトを訪れたお客さんは、「年」から書いていないと、それが今年のことなのか確信が持てません。

また、締切を「〇日まで」と書いた場合、それを営業時間内と解釈する人も、24時までと解釈する人もいます。時間の明記で、疑問や不安、誤解を防げます。

曜日があると、「今週の金曜ね」など、お客さんが認識・記憶しやすくなります。

これらは地味ですが、実際に現場で指摘することが多い内容です。

ただ、書いている最中に細かい点に同時に気を配るのは、なかなか難しいですよね。その場合は一旦、書きたいように書いて大丈夫です。そのうえで、後で見返してひとつずつチェックする、もしくは第三者に読んでもらうのがおすすめです。

伝え方
13

不要な情報は思い切ってカットせよ

「必要・重要な情報を漏れなく載せる」ことと同じくらい、「そこに載せる必然性がない情報は載せない」ことも大切です。

理由は２つ。お客さんにとってノイズになり、**必要な情報の理解度が落ちる**から。そして、**必然性のない情報が続くと、読む気がなくなり、サイト離脱につながる**からです。情報があふれている時代ほど、その重要性は増します。

「とりあえず入れた」「量を増やすため」「あってもなくてもよい」……そんな文章やフレーズがあれば、思い切ってカットしてください。「絶対削れない」という精鋭揃いにすると、無駄がない中身の詰まったサイトとなり、見た目の印象まで活き活きしてきます。

文章に限らず、写真や、デザイン上の装飾も同様です（何らかのメッセージを伝えるために必要なものは、もちろん残します。必要なメッセージまでカットしてしまうと、そのぶんコンバージョン率は落ちます）。

メッセージを減らさずに、ノイズをカットできないか？　ぜひ、考えてみてください。

伝え方

14

コンテンツ作りは仕組み化のチャンスである

こうしてお客さんに説明しようとする中で、社内で曖昧《あいまい》になっていた点やオペレーション上の課題に気づくこともあります。

サイト作りは、仕組み化です。すでにあるものを掲載するだけで、再現性がある発信の仕組みとなります。あわせて、**曖昧だった点も言語化・ルール化し、コンテンツとして備えていくと、お客さんも、売り手の担当者も、その後ずっと楽になります**。

たとえば、問合せのたびに都度検討・対応していたことは、社内で対応方針を統一し、サイトに掲載する。「よくいただくご質問」の内容は、随時更新していく。

問合せの返信期限が明確になっていないなら、この機会に決める。返答に時間がかかる内容の場合は、期限内の返信は「受け取りました、詳細は確認して改めてお返事いたします」旨でもいいのです。それだけでも、初めてのお客さんには安心です。

サイトだけでなく、社内の仕組みもあわせて整えていく。これができると、サイトだけでなく、事業としてもどんどん強くなっていきます。

伝え方
15

デザインも「わかりやすさ」「操作しやすさ」を第一とせよ

第2章（P75）で先述のとおり、「メッセージ」を伝える手段は、直接的な言葉に限りません。色や書体、テイストなどのデザインで視覚的に表現することもできます。

どんなデザインがよいのか、唯一絶対の正解はありません。**その売り手のポジション、お客さんに伝えたいことが「印象」として伝わり、かつお客さんにとってわかりやすく、操作しやすい**。それが、自社にとっての正解です。

そのためには、まず、第2章で作成した「戦略」をデザイナーに共有します。

このとき注意したいのが、自社のポジション・個性は「型」ではなく「中身」で表現する、ということです。

たとえば乗用車は、いろいろなデザインがありますが、「ハンドル」「アクセル」「ブレーキ」「ウインカー」などの運転操作に関わる部分は、どの車にも共通ですよね。おかげで私たちは、安心して、目的地に向かうことに集中できています。

アイコンをとりいれる判断基準は
「自社のお客さんが直感的に理解できそうか」

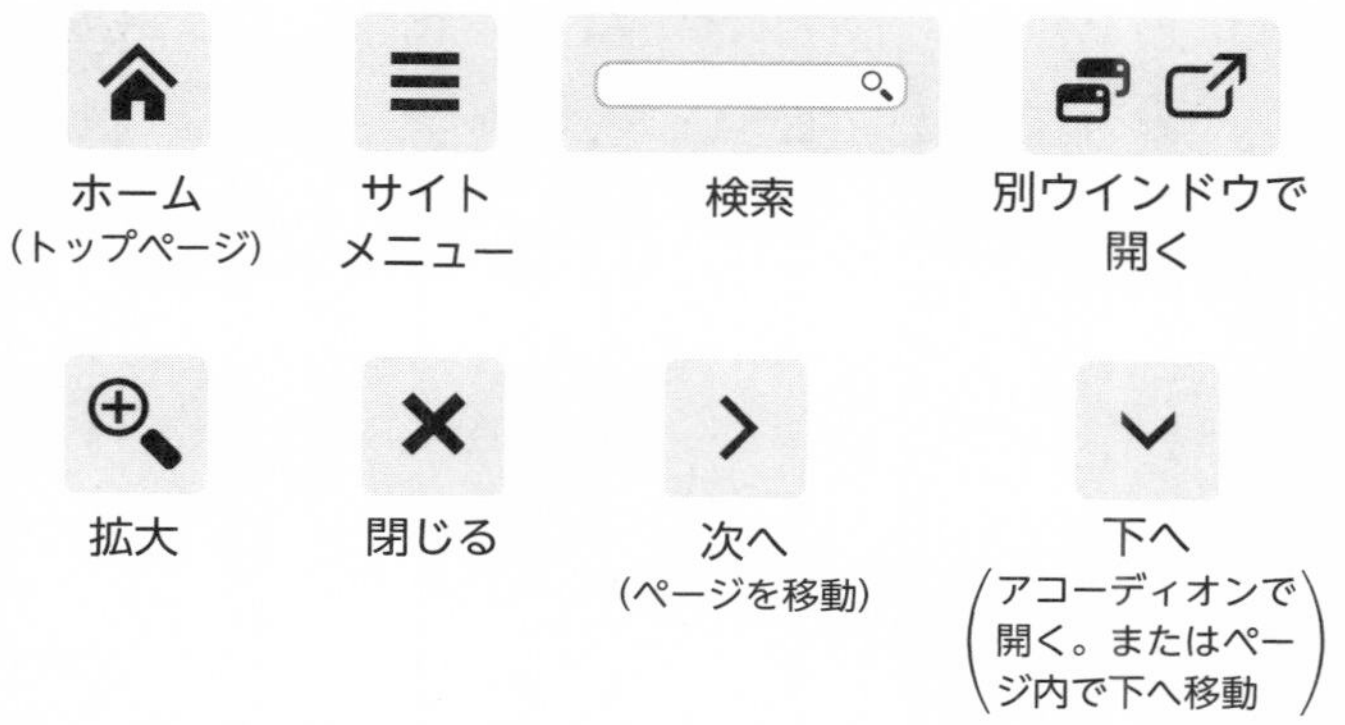

サイトにも、多くの人が共通認識として持っている「基本の型」があります。たとえばヘッダー、グローバルナビ、メインビジュアル、サイドメニューやフッターメニューなどの基本構造（巻末資料P216参照）。「ホーム（トップページ）」「メニュー」「検索」「別ウインドウ」「拡大」「閉じる」などのアイコン（上図参照）。

このようなサイトの基本構造や操作に関わる部分で、新しさやかっこよさを優先して、**お客さん側に共通認識ができていないもの、わかりづらいものをとり入れると、情報を見つけてもらえる可能性や操作性が落ちます。**お客さんに行動を起こしてもらうための商用サイトでは、本末転倒です。

操作にストレスを感じないからこそ、お客

さんは、コンテンツの理解に意識を集中させ、行動を起こすことができるのです。

どのような「型」が共通して認識されているかは、時代により変化します。また、世代やＩＴ習熟度といった、お客さんの層でも変わります。

判断基準は、**「自社のお客さんが、直感的に理解できそうか」**。ここでもまず、「自社のお客さんを知ること」がポイントとなります。

あわせてぜひ、普段の生活で使うサイトやアプリの基本構造や表示、そしてそれを見たときのご自身の理解や行動を、観察してみてください。また、自社サイトを操作してみて、ご自身の体感も大切にしてください。それが、時代が変わってもリアルタイムでお客さんの理解と行動を想像する、礎となります。

同様に、**「読み込みが遅いサイト」も、お客さんの離脱につながり、誰も幸せになりません。**ここまで積み重ねたことをすべて失いかねない、隠れた重要ポイントです。

原因は、デザイン、コーディング方法、サーバー状況など複数考えられますので、制作会社に相談しながら進めます。Ｇｏｏｇｌｅも、チェックツールを無料で提供しています（『ページスピードインサイト』。巻末資料Ｐ２２１参照）。

伝え方
16

一手の積み重ねが大差を生む

こうして細かいところまで整えていると、つい、「ここ1箇所くらい、いいかな……」と誘惑に負けそうになる時もあります。

でも、**そのとき載せなかったたった1枚の写真が、1文が、本来ならお客さんが購入を決断する決め手になるはずだったかもしれない**。売れるコンテンツ作りって、その一手、一手の積み重ねなんです。自分の買い物経験を観察していると、よくわかります。

売り手には細かいことに見えても、お客さんにとっては「重大な決め手」となることがあります。売り手にとっての重大さとお客さんにとっての重大さは、必ずしも比例しません。

また、直接コンバージョンに結びつきそうな要素だけではありません。**全体の印象は、細部の積み重ねで完成します**。

私自身も、クライアントのサイト確認時に「これはこのままでもいいかな……ここまでもだいぶ手をかけていただいているし。本当に、私の個人的なこだわりではないと言えるだろうか」と、一瞬、調整依頼に躊躇してしまうことが、たまにあります。

それでも、妥協せずにお願いした仕上がりを見ると、「やっぱりお願いしてよかった」と毎回思います。たった1箇所のパズルがはまるだけで、グンと見やすく、使いやすく、気持ちよいコンテンツになるのです（協力くださる周りの方々には、本当に感謝です）。

さらにそれが積み重なり全体像となったときに、「1＋1＝2」以上の相乗効果が生まれるのを感じます。これはなかなかデータでは証明しづらいのですが、きっとサイト作りに限らず、多くの仕事にあてはまることなのではと思います。

売れるサイトをつくるには、大局観（戦略）と、それを現実化する細かな接客（コンテンツ作り）、双方が必要です。**ここでも手をかけるポイントは、「お客さんにとってのわかりやすさ・動きやすさ」のためであること**。

誰も幸せになっていない作業は、もちろん効率化が必要です。ですが、サイトは多くの人に見られます。「みんなが幸せ」になることに丁寧に手をかけると、ずっと大きくなって返ってきます。

私も、クライアントさんたちと「今ここで私たちが踏ん張れば……!! たくさんの人たちが楽になり、幸せになる……!!」と声を掛け合いながら、日々仕事をしています。

＊＊＊

「なんか……本当に、すべてがお客さんのために整えられているんだね。お客さんのわかりやすさ、動きやすさのために」

ミキとサキは、今日のレッスンをひととおり終えて、階下のティーラウンジに来ていた。高いガラスの天井から自然光が降り注ぐ、広々とした開放的な空間だ。周りは、アフタヌーンティーを楽しむお客さんたちで賑わっている。

「これって、本当にお客さんのことを思ってないとできないね」

「そうなの。シンプルなんだけど、徹底してやりきるには、ね。だからこそ、**『お客さん思いの企業姿勢』の何よりの証拠になる**よ。

お客さんに探させない。解読させない。『お客様のために』って言葉で言うだけなら誰でもできる。それを先回りの行動で示し、お客さんのサイト内の体験で裏付けるからこそ、一気に説得力が増すの。

買う気の、本気でサイトを見ているお客さんほど、その違いを感じてくれるはずだよ」

「うん。私も前、お姉ちゃんがお手伝いしたサイトを使ったとき、スルスルっと注文まで行けて、感動したもん」

「ありがと♡　お客さんにとってわかりやすく、動きやすくしてあげたい、その一心でやってるんだけど、クライアントさんに届く『お客様の声』を見ていると、それが結果的に**どんな市場でも通用する大きな差別的優位性**になるんだなあ、って実感するよ。どんな激しい競争市場であってもね」

「うん」

ミキは、これまで出会ってきた患者さんやご家族のことを思っていた。どうすればいいかわからない、介護の手が足りない、身体が辛い、不安……。私が書くホームページの内容で、少しでも安心してほしい。負担やお困りごとを軽くしてあげたい。訪問看護という選択肢を、ひとりでも多くの方に知ってほしい。

そんなことを考えていると、少し遅めのランチにと選んだ、サンドイッチのプレートが運ばれてきた。サキは、苺のタルトにしたらしい。タルトをナイフとフォークで切り分けながら、サキが言った。

「いちばん最初のレッスンの日に、『自分の買い物行動を観察する』っていう宿題を、ミキに出したじゃない？　やってみてどうだった？」

ミキも、付け合わせのピクルスを口に運びながら、答えた。

「うん。気をつけてみると、いろんなことに気づいたよ。

たとえばコンビニで棚に並んだ商品を見ても、パッケージの見えている部分に書いてあることや、デザインのイメージで、どの商品を手に取るか決めているな、とか。裏側に書いてあることは手に取ってみるまでわからないな、とか。なぜ、隣にある別の商品ではなくてこっちを選んだんだろう、とか」

「うん、いいね！」

サキがにこにこしながら言った。

「今日はね、ミキにもうひとつ宿題があるの。これまでの自分自身の観察と合わせて、**自分以外の、他の人たちの観察**も、積み重ねていってほしいの」

「他の人の観察？」

「うん」

サキは紅茶を一口飲んで、続けた。

「今日は、サイト上でお客さんを先回りサポートする話をしてきたよね。

実店舗での接客や、普段の生活でのコミュニケーションは、相手とキャッチボールしながら双方向で進められる。でもサイトの場合は、見ているお客さんの感情や思考、行動を予想して、サイト上に、それに対する答えを備えておく必要があるんだよね。サイト上で、想像力を使って、お客さんとコミュニケーションしてる感覚かな。

そのためには、以前も話したとおり、まず、『自分の買い物行動の観察』がいちばんの礎になる。あわせて、自分とは違う感じ方・考え方の人たちについても知っていくこと」

「自分とは違う人たちを、知っていく……」

また出会った新しい視点に、ミキは思わずサンドイッチを飲み込み、紅茶で気をとりなおして、メモを取り出した。

「うん。仕事やプライベートで出会う人たちはもちろん、SNS上で見かける投稿も、いろんな人の感情や思考、行動、状況に触れる貴重な機会だよ。

たとえば、この人はこれに対してこう感じるんだな、別の人はこう感じるんだな、とか。

このことは、私の周りではあたりまえだけど、世の中全体では知らない人のほうが多いんだな、とか。

こういうことが好きな人たちがいるんだな、嫌がる人たちがいるんだな、とか。

このトピックに対し、こう思う人とこう思う人がいるんだな、自分と反対意見の人たちは、どう感じ、どう考えるんだろう、とか。

ポイントは、**『優劣』『正誤』で相手をジャッジしない**こと。ジャッジした瞬間に、自分には関係ないものとしてシャッターが降りて、そこから先を知ろうとしなくなっちゃう。

そうじゃなくて、淡々と、観て、知るだけでいいの。

人によって好みや価値観があるのはあたりまえ、もちろん私にもあるよ。でもそれとは別に、『こういう感じ方、考え方もあるんだ、なるほど』って、自分とは違う感じ方・考え方の引き出しを増やしていくの。その引き出しが増えると、自分とは違う感情・思考・行動・状況の人たちのことも、想像しやすくなるよ」

「なるほど……たしかに、相手と自分との違いを知ることは、相手を尊重し、思いやる第一歩だよね。それを、いろんな人に対して積み重ねるんだね。

看護の場面でも、他者である患者さんの思いや考え方もふまえて看護計画を立ててるけど。サイトやSNS投稿では、あまり意識してなかった」

サキがうなずく。

「うん。とはいえ、まずはやっぱり『自分だったら、わかるかな？　どう感じる／どんな情報が欲しくなるかな？　動けるかな？』でいいの。それが最初。なんだけど、『ビジネスの現場で、主観を入れてはいけない』と考えるあまりに、『自分だったら』に蓋《ふた》をしてしまう方も多いんだよね」

「ああ……なんとなくわかる気がする」

「そうではなく、**まずは思う存分、『自分だったら？』を感じる。**

そのうえで、自分とは違う人たちのことも引き出しとして持っておくと、**『じゃあ、他の人は？　うちのお客さんは？　多数派の人たちはどうだろう？』**と、客観性も保ちなががら、考えられるようになるよ」

「なるほど」

ミキはソファの背もたれに背を預けて、メモを見返した。

たった2日間のレッスンだったけれど、もうずいぶん経った気がする。昨日の午後、ワクワクしながらホテルのエントランスをくぐった、あれからまだ1日しか経っていないんだ……新しい視点を得るって、すごいな。

今夜は今回の旅のもうひとつの目的、同窓会だ。ひさしぶりの旧友たちと、たくさんおしゃべりしよう。そして明日、福岡に帰ったら早速、原稿を書き始めよう。

「早く書きたい！　福岡に帰ったら、早速書いてみるね」

「うん、いいね！　かっこよくなくていいからね。それよりも、ミキらしい言葉で、そしてわかりやすいことが大切だよ。ミキの発信を待ってくれている人たちが、きっとたくさんいるよ」

サキの言葉を聞いて、ミキはなんだかほっとして、そして目の前が広がっていくような気持ちになった。一面ガラス張りの窓からは、東京タワーと代々木公園の緑、そして遠くには建物群がつくる地平線が見えていた。

・「これで伝わるかな？」と、実際の利用者さんたちを思い浮かべ、常に目線をお客さんに向けながら書く

・サイトの文章を書いているときは、接客中。落ち着いて、相手の疑問や不安をヒアリングして、丁寧に応えるだけでよい。広告というより、メールや手紙に近い

・書いているときは、コンバージョン率のことを忘れること。市場を俯瞰して立てた戦略があるから、安心して手放せる

・お客さんがスムーズに理解して行動を起こすための３つの基本原理
　① そもそも何を売っているのか
　② 疑問や不安の解消
　③ 行動へのハードルを執念で取り除く

・お客さん次第になりかねない不確実な要素を、先回りサポートでひとつひとつ「確実」に近づける

・新規のお客さんは、私たちが思う以上に不安。まだお会いしていない方とも絆をつくるサイト。ウェルカム感！

・コントロール願望を捨てて、伝え方の基本的な知識を持つ

・お客さんのメリット、抽象には具体、カスタマイズ。かっこよくなくていい、私らしい言葉で、とにかくわかりやすく

・魔法の言葉は「お客さん、わかるかな？」「どう感じる／どんな情報が欲しくなるかな？」「お客さん、動けるかな？」

・他の人の観察。自分とは違う視点を知っていくこと！

第 5 章

最速ですべてが好転する

「5つの在り方」

祖父の教え

企業にとっての利益は、人間にとっての食料である

ミキとサキは、桜が満開の京都に来ていた。

京都市の南側に位置する醍醐寺《だいごじ》。母が発病した年の春に、両親は福岡、ミキは大阪、サキは東京から集合して一緒に花盛りの桜を見た、思い出の場所だ。ステーションを開業したらしばらくはかなり忙しくなるだろうから、とサキが招待してくれた。

社寺建築の会社を経営していたミキとサキの父は、修行時代、給料を切り詰めて、大工仲間としょっちゅう京都を訪れ、勉強してまわっていたらしい。そのパワフルな父も、母が他界してからはさすがにさみしそうで、2年前に他界してしまった。父の会社は今、弟が継いで頑張っている。

醍醐寺の五重塔は、平安時代の建築だそうだ。千年以上前の人々が見ていたのと同じものがそのまま、21世紀の今、自分の目の前にあるって、なんだか不思議な気持ちだ。

父と母と境内を歩いたあの日のように、今日もよく晴れている。青空に、桜の淡いピンク色が優しい。

桜の花びらが舞い散る醍醐寺を歩きながら、ミキは、以前から聞いてみたかったことを

サキに聞いてみた。

「お姉ちゃんはどうして、そんなに『お客さんに伝える』ことへの思いが強いの？」

「そうだね……私が最初にホームページをつくったのは、お父さんの会社だったじゃない？」

「うん。お父さん、すごく喜んでたね」

「お父さんたちの建てるお寺や神社、綺麗だったよね。お施主様たちも、すごく喜んでくれてた。それをサイトで丁寧に伝えて、細々とだけど広告を出したら、これまでの営業や紹介では出会えなかった方々が、熱心にサイトを見て、問合せしてきてくれた。

そのとき、こんなに『出会うべきお客さん』がいたのに、待ってくれてる人たちがいたのに、これまで気づかせることなく、目の前を通り過ぎさせてしまっていたんだな、って、愕然《がくぜん》としたの」

「あ。前にもその話、少ししてくれたね」

「うん。そして、世の中に伝わったら喜ばれる商品を持っているのに、伝えられていない・届けられていない中小企業、そして商品に出会えていないお客さんがどれだけいるんだろう、って気づいて、さらに愕然とした。

その状況を解決するのが、私の使命だと直観したよ。

商品・サービスがよい会社さんほど、『伝える』ことが盲点になりやすい。けれど、売り手から伝えないと、お客さんは知りようがない。

買う気のお客さんほど、知りたいの。伝える努力は、売り手にしかできないの」

足元に一枚ずつ舞い降りてくる花びらを見ながら、ミキは聴いていた。

「そうして、この仕事をするようになって。ご相談をお受けした中には、順調な会社もあれば、待ったなしの状況の会社もあった。

お父さんも、人生をかけて、会社や私たち家族、大工さんとそのご家族を守っていたよね。子どものときから、経営者ってそういう仕事なんだなあ、と思ってお父さんを見てたよ。

お金は、すべてではない。でも、どんなに気持ちがあっても、ない袖は振れない。お金があると、売る力があると、周りの人たちを守ってあげることができる」

「うん」

「私の会社とお父さんの会社は、業種も違うし、資本関係もない。これから立ち上げるミキの訪問看護事業も、そうだよね。

でも、それでも言葉でもらったもの、毎日の行動で見せてくれたこと……。会社を継いでいない私たちも、それぞれの仕事で、スピリットは受け継いでいるんだなあって。

お父さんが旅立ってから、ますますそう感じるようになったよ」

「そうだね……それは私も、そう思う。すべてはつながっているなあ、って」

「ミキもそう感じてたんだ」

ミキとサキは、目を見合わせてにっこりうなずき合った。

「そしてお母さんは、お父さんが最高のコンディションで仕事の力を発揮できるよう、献身的に支えていたよね。私はどうやら、売り手であるクライアントに対して、同じことをしているみたいなの。

みなさん、それぞれの分野のプロフェッショナル。ミキの訪問看護もそうだけど、私自身ではできない仕事。そのみなさんと商品・サービスが本来持つ力が、存分に発揮されるようにサポートする。それが、私にできること。この社会での、私の役割。

あ、お母さんと同じことしてるんだ、って、最近やっと気づいたよ。お父さんともお母さんとも、喧嘩もたくさんしたけどね」

「うん。そっか」

大きな桜の木の前で、ふたりはどちらからともなく、歩みをとめた。

そのとき、あたりの空気をすくい上げるように、風がざぁっと吹き、花びらたちがひときわ絢爛《けんらん》に、紙吹雪のように舞い散った。

花びらが地に舞い積もり、再びしんとするまで、ふたりは時を忘れて、それを見ていた。

陽が落ちるころ、ミキとサキは東山の小さな割烹《かっぽう》に移動し、カウンター席に並んで乾杯した。

広すぎない店内は、すべて畳《たたみ》の間というつくりだった。カウンター席も同様で、足元が畳というだけで、なんだかほっとする。ふたりは今夜の一番乗りで、静けさの中、店主が使う包丁とまな板の音だけが響いていた。何もかもが清潔に整えられた空間で、これから始まる夕食にワクワクするのは、最高の贅沢だ。

一皿目を丁寧に盛り付ける店主を見ながら、ミキはふと思い出して、言った。

「前にお父さんとお母さんと京都に来たときは、夕方は名古屋に移動して、お父さんの行きつけだった割烹に行ったたね」

「そうそう、大将とおかみさんがすごく喜んでくれて。私たちまで嬉しかった」

現役時代の父は、名古屋の材木市に出張で来るたびに、宿泊していたホテルの裏手にあるその割烹に、毎回のように通っていたらしい。その日は、父本人のリクエストで、25年ぶりの再訪となったのだった。

サキがビールのグラスを傾けながら、言った。

「あのとき、再会を喜び合うお父さんたちを見て、仕事って、人生って素敵だなあって、改めて思ったの。

私の仕事は、マーケターとして、クライアントの売上・利益を上げること。投資いただいた以上の金額をお返しすること。この仕事を始めてからずっと、数字の成果に全力で向かい合ってきた。

でももちろん、数字の成果だけがビジネスのすべてではない。あの夜、本当に幸せな時間だったよね。今でも、私たちの中に宝物のような思い出として残ってる。

仕事って、ビジネスって、そんな宝物を生むことができるものだと、私は思ってる。

そしてそれは、企業にとって切っても切れない「お金」の話と、密接に関連しているんだよね。

今回のレッスン、最後のおじいちゃんの言葉は、

五、企業にとっての利益は、人間にとっての食料である

だよ」

そう言いながら、サキは、祖父の便せんをふたりの間に置いた。

「利益は、食料……。ないと生きていけない、ってことかな？」

「そうだね！　それは重要なひとつの側面だね。あわせて、『けれど、そのために生きる

のではない』という意味が含まれているんだと思うよ」

「そのために生きるのではない……」

ミキが反芻《はんすう》したところで、突き出しの筍《たけのこ》の木の芽和えが、涼しげなガラスの器で、ふたりの前に供された。店主にお礼を言い、「いただきます」をして、箸を手に取る。

春らしい味をそれぞれしばらく味わってから、サキがビールを一口飲み、口を開いた。

「**かけたコストが、それ以上の売上となって返ってくることは、資本主義社会での、企業としての生命活動の本質**なんだよね。人間で言うと、呼吸をして、お水を飲み、食事をして、排泄する。入れて、出す。その循環によって、生命が保たれている。それと同じ。

かけたコスト以上の金額が売上として返ってきて、利益が出ているということは、その循環を回していけるということ。これがもし赤字だと、いつかお金が足りなくなって、支払いができなくなり、企業としては生命を維持できない……倒産してしまう。

企業には大切なことっていろいろあるけど、**すべてを支えている必須の大前提が『お金が、足りなくならずに回っている』ということ**。ここがなんとかなっていれば、その他の課題は、時間をかけて向き合っていける。だから利益は、お金は、すごくすごく大事なものだよね。

ミキはこれから経営者になるけど、経営の大きな仕事のひとつが、『どこにどれくらいお金を使うか』を判断することだよ。それによって、どれくらい大きくなって返ってくるかが変わるからね」

ミキは筍をつまみつつ、答えた。

「うん。今、会社のお金というものに向かい合おうと、必死で勉強してるところ」

「そうだね。お金は天から降ってこない。お客さんに買ってもらえないと入らない。使ったより多くのお金が返ってこないと、破《は》綻《たん》する。その基本は、働く個人の家計と同じだよ。**でも私たち人間が生きているのは、食料を確保するためでも、生命維持そのもののためでもない**よね。生きている、だからこそいろんなことができる。自分を幸せにしたり、誰かを幸せにしたり、成し遂げたいことに取り組んだり。

企業も同じ。利益が出ている、だからこそ働く人たちや顧客、取引先を守ることができるし、幸せにできる。社会的使命を果たせる。お客さんをもっと幸せにするために、事業に再投資もできる」

「うん……よくわかるよ。生存に関わるから、つい、お金のことが最重要になってしまいかねないけど。

でもあくまでも、利益は、企業の存在意義、事業の目的を果たすための手段。でないと、本末転倒というか、何のための会社なのか？　ということになる。そういうことは働いている人にすぐ伝わって、そういう社風になる。誰も幸せにならないよね」

「うん、そうだね!!! そのとおりだと思う」

次の食事に合わせた日本酒がサーブされ、お酌《しゃく》しながら、サキが言った。

「ミキは、仕事って何だと思う?」

「えっ! はっきり言葉にして考えたことなかった」

少し頭を整理して、ミキは言った。

「もちろん、生活のための仕事でもあるけど。理想とする看護の実践、それにより感謝される喜び、嬉しさ。それが自分と仲間の人生の満足につながっている。そんな感じかな」

「いいね、とってもミキらしいね」

サキがにこにこしながら言った。

「この質問、人それぞれの答えが返ってきて楽しいから、いろんなところで聞いてるの。私はずっと、即答で『使命感』だった。でもこのところ、『みんなが幸せになるための手段』でもあるなあ、と思うようになったよ」

「うん。今回のレッスン、まさにそんな内容だったよね」

「……あ、そっか」

ミキとサキは、顔を見合わせて笑った。

「売り手は、『自分たちにできること』でお客さんの役に立つ。その対価として、価値に見合った報酬を受け取る。買い手は、報酬を支払うことで、売り手の生存や生活を助ける。仕事って、ビジネスって、みんなで幸せになっていく、そしてその輪を広げるための仕組みなんだと思う」

「幸せになっていく、輪を広げる仕組み？」

「そう。できることを提供し合って、役割分担して、みんなで幸せになっていく仕組み。もちろん、実際に幸せになるかどうかは本人次第だよ。外的状況がどうであれ、幸せとは『本人が幸せと感じていること』だからね。でも私たちは、仕事を通じて相手に喜んでもらうこと、思いと価値をお渡しすることはできる。

売ることも買うことも、本来、社会貢献。誰かを幸せにすることなんだよね」

＊＊＊

――美味しいお食事をいただきながら、ミキとサキの対話は続きます。読んでくださっているあなたにも、サキからの質問です。

あなたにとっての「仕事」とは、何ですか？

在り方
01

マーケティングとは、お客さんへの思いやりである

「マーケティング」や「広告」、「ブランディング」など、売り手のビジネスにつながる活動が「宣伝」としてネガティブに語られているのを、時々耳にします。

ですが、同じ「広告」でも「出会えてよかった」と喜ばれる広告があります。お客さんが熱心に読み、「ぜひ買いたい」と連絡してきてくれるサイトがあります。

私はそれを、サイト集客の現場で12年間、見てきました。

喜ばれるか、嫌われるか。その違いは、その行動の奥にある思いが「**相手（お客さん）のためか、自分のためか**」です。

そして、お客さんが「お金を払いたいと思うくらい」喜んでくれたら、売上として、必ず返ってきます。

逆説的なようですが、自分がお客さんの立場なら、と考えると、きっと多くの方の腑に落ちるのではないでしょうか。

とはいえ、売上はもちろん大事です。売り手の生存と生活がかかっています。一方的にならず、お客さんに高い確率で喜んでいただくには、どうしたらいいのか。

そのために、マーケティングがあります。

市場には当事者として、自社だけでなく、お客さんも、競合もいます。

その環境をインプットして、商品・サービスの開発に活かす。それを、自社らしさを活かしながら、一方的にならないよう、わかりやすく発信（アウトプット）する。得られたお客さんの反応を、さらにインプットし、改善に活かして、また発信する。

マーケティングとは、**この社会でお客さんと売り手が共存し、みんなで幸せになっていく、そのスムーズなコミュニケーションのための、お客さんへの思いやり**なのです。

クライアントに届く「お客様の声」を読むのが、何年この仕事をしていても心震えるくらい、私は嬉しく、大好きです。一人ひとりに人生があり、生活があり、大切にするものがある。そんな誰かが、こんなに喜んでくれている。

次は御社の番です。出会うべきお客さんが、きっと、市場で待ってくれています。

在り方
02
どこまでやるかは、自分が決める

父の社寺建築会社のホームページをつくったころ、マーケティング業界では「返金保証」が流行っていました。「万が一、商品やサービスに満足いただけなかったら、返金します」という保証です。

商品に自信があるほど、実際の返金額よりも、コンバージョン率が上がることで得られる利益のほうが大きくなりやすく、たしかに多くのケースで有効な方法です。

ですが、お寺や神社の建築は、計画から竣工《しゅんこう》まで数年単位、長いと10年以上かかります。父や職人たちだけでなく、お施主様も、何度も何度も会議を開き、節目の行事、現場でのご協力と、多くの方々が多大な時間と労力を注いでくださっています。

金額も大きく、竣工後に「返金します」と言っても、誰も幸せになりません。

では、代わりにできることは何でしょうか。

「返金保証」という「手段」で解決しているのは、お客さんの「失敗したくない」という不安のはず。だったら、可能な限りの手段を尽くして、「ここにお願いすれば、失敗することはないだろう」と安心していただければよいのでは。

そう考えた当時の私は、現場監督をしていた弟に協力してもらい、木材の加工から竣工まで、145枚の写真を使い、それぞれの過程を詳細に「見える化」した「本堂改築工事ドキュメント」というコンテンツをつくりました。

過程を明らかにすることで、自社ならではの具体的な工夫や、よい点を伝えられるのはもちろん、「ここまで公開できる会社なら、変なことはしないだろう」と安心していただけるのではないかな、と思ったのです。

膨大な写真資料から145枚を選び、弟が専門家視点で説明文を書き、それに対し私がマーケティング視点でコメントして、一つひとつ説明文をつけていく。それをサイトに掲載する。通常業務もある中で、楽ではなかったと思います。

そこまで情報を掲載しているサイトは、当時、同業他社にはありませんでした。

やってもやらなくても、どっちでもいいんです。でも私たちには、「上司や社長に怒られるから」「お客さんからクレームが来るから」ではなく、「周りの人たちがこれくらいやっているから」でもなく、**自分自身に悔いのない仕事をする権利があります**。

そして集客においては、お客さんにゆだねるのではなく、売り手から動いたほうが、確実に成果につながります。

どこまでやるかは、自分で決められます。


一見、実現が難しそうなときの合言葉は、「どうやったら、できるかな？」。

たとえばオーダーメイド製品など、「価格を載せづらい」というご相談もよくいただきます。その場合も「目安や例を載せる」「計算方法や、何により決まるかを載せる」「気軽に見積依頼できるよう、表現を検討する」など、できることはいろいろあります。


結果として、このとき弟とつくった「本堂改築工事ドキュメント」は、お施主様から「感動した」「安心した」「あれが決め手となって問合せした」とのお言葉をいただける、サイトの看板コンテンツとなりました。

（変化が緩《ゆる》やかな業界ではありますが）公開から15年が経った今も、現役で伝え続け、ご縁を生み続けてくれています。

在り方
03

方法論に「唯一絶対の正解」はない

先ほどの返金保証もそうですが、方法論に「唯一絶対の正解」はありません。

流行りのＳＮＳや広告媒体、マーケティング手法、デザインなど、「○○で成功した」「○○がいい」という話を聞くこともあると思います。ですが、成功事例での各手法は、「その状況において」よい選択だった、ということです。

個々の打ち手自体に、正誤はありません。**正誤ではなく、「選択」**なのです。その選択で、全体が成り立つか。成り立たせるには、どうすればよいか。

他社の成功事例や人気の方法論を聞いたら、**「なぜうまくいった（いく）のか」**、背後の原理を考えてみてください。また**「自社の業種・ポジション・ビジネスモデルなどと合うか」「現状の、自社の伸びしろと合うか」**を、ぜひ考えてみてください。

本書では、「売れる」が成り立つための基本原理と、多くのケースに当てはまる普遍的な法則を書いてきました。これらを知ることで、「自社にとっての最適解」を選べるようになります。また、他社の成功事例を、自社に合わせて応用できるようになります。

在り方 04

ポイントを知りボトルネックを解放せよ

「お客さんのニーズ」という種が、サイトを通して購買行動という成果につながる、その「流れ」をつくるための方法を、本書ではお伝えしてきました。

プロセスの中で、流れを大きくせき止めている箇所を「ボトルネック」と呼びます。そこを優先的に解決すれば、全体が大きく流れだす、というポイントです。

たとえば次のような点を、本書の内容と合わせて、ぜひ見直してみてください。

- サイトへの流入は充分ある、もしくは見込めるか？
- サイトに流入している人たち・流入元媒体の客層と、自社の客層は、合っているか？
- サイト流入前（広告やメールなど）と流入後のコンテンツのつながりは問題ないか？
- 商品・サービスはお客さんのニーズに合っているか？　自社都合になっていないか？
- そもそもの戦略は、有用なものか？　お客さんがわざわざ選ぶに値するものか？
- 情報やレスポンスデバイスは、必要な人の目に触れているか？

- 「そもそも何を売っているか」が、サイトに入ってすぐに伝わるか？
- お客さんの重要な疑問や不安に応えられているか？
- 写真や見出しなど、サイトを流し見しただけでもお客さんのメリットが伝わるか？
- お客さんにとってわかりやすい伝え方になっているか？
- ウェルカム感は伝わっているか？　暗い・冷たい・寂しい印象になっていないか？
- 複数の商品がある場合、お客さんが迷わず選べるようになっているか？
- サイト流入からコンバージョン完了までシミュレーションして、立ち止まってしまうところ、迷うところはないか？
- コンバージョン完了後の顧客とのやりとりで、お客さんが立ち止まってしまうところ、ギャップを感じそうなところはないか？
- 自社のポジションが印象として伝わり、操作しやすいデザインになっているか？
- サイトの読み込みスピードは問題ないか？

お客さんの購買への流れのうち、どこが足りていないかで、優先順位の高い打ち手は変わります。**「自社の、現状のボトルネックはどこかな？」という視点を、ぜひ持ってみてください**。それにより、大きな成果につながる確率が上がります。

在り方

05

「売れる」は結果である

ミキとサキの対話で、売上・利益は「企業の目的を果たすための手段」と書きました。最後にもうひとつ、お伝えしたい大切なことがあります。

お金は、使うときは「手段」。そして、入ってくるときは「結果」だということです。

本書のメソッドでは、売り手の個性と、お客さんの意思を尊重し、双方のエネルギーを最大限活かします。そうして、お客さんがスムーズに購買行動を起こせる流れをつくります。これにより、無理がなく、自然に、確実に、大きな成果が出ます。

成果とは、「出す」ものではなく「出る」ものです。後者の方が、手を離しているようでいて、実は確実です。その必然性がある環境を、整えて、つくるのです。

「北風と太陽」というイソップ寓話があります。

北風は、上着を脱がせることを目的として、強風を旅人に吹き付けました。が、旅人は上着をしっかり押さえてしまい、北風は旅人の上着を脱がせることに失敗します。北風のやり方でも、短期的な成果が出ることもあるでしょう。けれど、無理に上着を剥《は》がされた旅人は、幸せな気持ちにはなりません。上着を拾って、なんとか着ようとし、今度はボタンを全部閉めようとするかもしれません。

対して太陽は、「上着を脱がせる」という目的を一旦横に置き、「旅人を暖める」ことに尽力しました。充分暖まり、本人が脱ぎたくなることこそが、いちばん確実に、無理なく成果につながることを知っていたのだと思います。

その結果は、みなさんがご存知のとおりです。

思うような成果が出ないときは、「どうやったら売れる?」ではなく「お客さんが買えないのはなぜ?」「自分は、誰のために売ろうとしている?」と考えてみてください。

お客さんにとって、選びやすく、わかりやすく、不安や疑問を解消して、安心して行動できるように、すべてを整える。必要な情報が伝わり、お客さんの中で準備が整ったときに、お客さんは「買う」という行動を起こします。

「売れる」は、「目的」ではなく「結果」なのです。

- 企業にとっての利益は、人間にとっての食料。ないと生きていけない、でもそのために生きているのではない。生きているからこそ、みんなを守り、幸せにできる。使命を果たせる
- 売ることも買うことも、本来、社会貢献。仕事とは、ビジネスとは、みんなで幸せになっていく、その輪を広げていくための仕組み
- マーケティングは、お客さんとのスムーズなコミュニケーションのための、思いやり。行動の奥の思いは、相手のためか、自分のためか？
- どこまでやるかは、自分が決める。「どうやったらできるかな？」
- 方法論に唯一絶対の正解はない。成功事例や人気の方法論は、「なぜうまくいったのか？」「自社の業種・ポジション・ビジネスモデルなどと合うか？」「現状の、自社の伸びしろと合いそうか？」を考えて、選択する
- ボトルネックを優先的に解決すれば、全体が大きく流れ出す。お客さんのニーズが成果につながるまでの流れのうち、「現状の、自社のボトルネックはどこかな？」という視点を持つ
- お金は、使うときは手段。入ってくるときは結果
- お客さんにとって選びやすく、わかりやすく、安心して行動できるよう、すべてを整える。「売れる」は、その結果である

エピローグ

1年後のミキ

窓の外から、下校中の子どもたちの声が聞こえてくる。そよそよ入る風が気持ちいい。

1年と少し前にドキドキしながら契約した事務所には、あっという間にスタッフのデスクが増え、手狭《てぜま》に感じるようになっていた。スタッフたちは、今日も患者さんのお宅を精力的にまわってくれている。

ミキは、もう夕方の色が入り始めた陽が差し込む事務所でひとり、患者さんやご家族からいただいた「ご利用者アンケート」に目を通していた。

先月98歳で大往生された田中さんの娘さんからも、「ご利用者アンケート」が届いていた。娘さんは、親子ほどに歳が離れたミキの手を握って「あなた方のおかげで、父は、最期まで父らしく、穏やかに過ごすことができました。あなた方がいなければ、無理でした。本当に、ありがとうございます」と、涙を流してくれた。その思いを、裏面まで使って、丁寧に書いてくれている。

「ホームページをつくらなかったら、この方々と出会うことはなかった……田中さんも、別の形で最期のときを過ごしたんだろうな」

ミキは、なんだか不思議な、そして胸の奥底からじんわりと喜びが湧いてくるような気持ちになる。ステーションを立ち上げて、頑張ってサイトをつくって、本当によかった。

ミキのステーションは、地域で評判だ。ケアマネージャーさんや地元の方も、わかりやすく情報がまとまったサイトがあると、リンクを送るだけでいいので紹介しやすいらしい。

ミキたちの笑顔の写真と、痒《かゆ》いところに手が届くコンテンツを見て「サイトに入ってすぐにいちばん知りたいことが書いてあって、とっても助かりました」「しっかり書いてあるコンテンツを見て、安心しました」と、好意的な方々が問合せをしてきてくれる。

サキの勧めで、ミキのステーションでは月に一度、サイトの改善点を持ち寄るスタッフミーティングを行なっている。問合せでよく聞かれることや、伝わってなさそうなこと、対応に困ったことなど、やってみたからこそわかった細かな点を都度リストアップしておいて、皆で解決策を検討するのだ。サイトでの伝え方に限らず、利用者様の声にヒントを得て、新しいサービスメニューを検討することもある。

1年かけてコツコツ更新してきた「よくいただくご質問」は、新人スタッフが入社したらまず目を通してもらう教育ツールにもなっている。スタッフたちも、サイトにわかりやすく掲載しておくとオペレーションが楽になることを実感して、どんどん発案するようになってきた。

ホームページは、今ではミキのステーションの大切な資産だ。

お客さんの思いと行動の流れをよくするための、コツコツした改善の積み重ね。表面に見えるコンテンツはもちろん、その背後にも、細かなロジックが積み重ねられている。ここに見えない資産が積み重なると、強い。スタッフの代わりに、サイトは24時間365日確実に、ユーザーに伝え続けてくれる。

ミキは経営者として、それが実感できるようになっていた。

嬉しい副産物もあった。サイトを見て、「看護師の募集はしていますか」と問合せが来ることだ。

常に売り手市場、採用に苦労することが多い看護師業界で、求人広告を出さずに問合せが来るだけでもありがたい。それだけでなく、ミキたちの発するミッションやこだわり、思いといったメッセージに呼応した方々なので、志が高い方が多く、ミスマッチが少なくとても助かっている。

勤務条件・環境やキャリアパス、実際の仕事内容など、応募者が求める情報を詳しく掲載した「採用サイト」も近々つくるつもりだ。

地元の新聞やテレビの取材も増えてきた。

まず、地元の新聞の地域面から取材依頼が入った。「○○市　訪問看護」などのキーワードで検索すると上位表示されているミキたちのサイトと、そこからリンクされている、訪問看護について書くミキのブログを見たそうだ。

訪問看護は、今、求められている仕事なんだ。ミキも、訪問看護という選択肢が利用者さんに認知されるお手伝いが出来ればと、取材依頼は積極的に受けている。1年前のミキの想像にはなかった世界だ。

そういえば、お姉ちゃんが言ってたな。

「応募者も、メディアの方々も、お客さんと同じ。本気で検討していればいるほど『知りたい』の。ただ、相手がどんな状況にいて、どんな情報を求めているのか、その前提が変わるだけ」

「行動を起こしてもらうことがゴールなのも同じ。ビジネスの成果は『行動』でできているから」

「すべては、私たちの伝える努力から始まるんだよ」

って。

結局、集客も、採用も、取材依頼も、対「人」なんだ。まだ一度も会ったことがない人たちに、サイト上のコミュニケーションでいかに「スムーズに理解して」「安心して」「行動してもらえるか」。

サイトが伝えてくれたからこそ、インターネット上で、リアルでは出会えなかっただろう人たちとつながることができた。サイトがなければ、このつながりは得られなかったものなんだ。

この先も、いろいろあるだろう。

サキからは、「ミキが次に向き合うのは、組織が大きくなってきたときのマネジメントの課題になると思う。経営者として、これからも新しい課題と、それにあわせて勉強することが出てくると思う。でも、これまでマーケティングで学んできた『物事を、相手の視点を思いやってわかりやすく伝え、相手が主体的に動けるようサポートするスキル』は、どんなシーンでも、きっとミキの力になるよ」と言われている。

そして何より、企業の生命線は「競合他社や代替選択肢との比較の中で、お客さんに選ばれ、買ってもらう」ことだ。買ってもらえて、売上が入ってくるからこそ、他の課題にも対処していくことができる。

それにはまず市場を客観的に俯瞰し、自社の使命、役割を知ること。それをわかりやすく真摯に発信し、得られた利用者さんの反応をとりいれて、サイトの改善やサービス開発に活かしていくこと。

この本質がわかっているから、今のミキは、市場という環境の中で自社が何をすればいいか、時代や環境が変化したときにどうすればよいか、自ら考えていくことができる。

何があっても、きっと乗り越えられる。

サイト作りを経て身につけたマーケティングスキルは、ミキに、経営者として自らの足でしっかり立っている感覚、力強く歩いて行ける感覚をもたらしてくれた。

お姉ちゃんが「中小企業や個人の方に本質的なマーケティングスキルを伝えていくのが、この世での私の使命なの」って言ってたの、わかる気がするな。

そういえば、サキは出版が決まったらしい。

「ミキとのレッスンをベースに書くつもり。ミキにもモデルとして登場してもらおうと思うんだけど、いい？」と連絡が来たから、「もちろん、喜んで！」と返信しておいた。

私たちにとっての「おじいちゃんの便せん」みたいに、私たちの物語が、業種・業態・

時代を超えて、たくさんの人たちの幸せをお手伝いできたら、嬉しいな。

「ポン♪」

メールアプリの受信通知だ。サイトのお問合せフォームから、また1件、問合せが入った。

今度は、どんなご縁が始まるんだろう?

ミキは背筋を伸ばし、大きく息を吸って、受信メールをクリックした。

ミキとサキの物語は、実際の設定とエピソードを元にしたフィクションです。

おわりに

２０１３年のある日、『流れとかたち』（紀伊國屋書店）という本を通して、著者エイドリアン・ベジャンが提唱する物理法則「コンストラクタル法則」に出会いました。

「有限大の流動系が時の流れの中で存続する（生きる）ためには、その系の配置は、中を通過する流れを良くするように進化しなくてはならない」――このコンストラクタル法則の定義を目にしたとき、「これはきっと、ベジャンが言うように万物に共通の真理だ」と直観しました。「すべては、より良く流れるかたちに進化する」。これまで見てきたいろんな事象が瞬時につながり、定義の一語一語が必然で、あまりに腑に落ちて、一発で暗記してしまったほどでした。

弊社名「フローマーケティング」の「フロー」には、「流れる」などの意味があります。売り手が本来持つ力が存分に発揮され、必要としているお客さんに、滞りなく伝わるように。わかりやすいサイトで、お客さんの思いと行動の流れがよくなるように。そうして、商品・サービス・情報・お金・思い・売り手の個性などの、流通におけるムダや詰まりが取り除かれ、市場全体の循環効率がよくなるように。

個人も、会社組織も、そして市場も、それぞれが「有限大の流動系（組織）」。だから、流れをよくすることで、無理なく自然に、大きな成果が出るのです。

「フローマーケティング」と名付けたこのメソッドは、「売れるサイトの3原則」、「メッセージ」を使ったサイト作りなど、前職の（株）キーワードマーケティングで教えていただいたことを土台としています。そこに、私自身が現場で携わってきた数々のリアルなケースとその考察、右に書いたコンストラクタル法則、そしてコンサルタントとして学んだ組織論・能力開発論の視点が融合して、生まれました。

マーケティングも組織論も、共通する原理の上に成り立っている。それに気づいたとき、これまで現場で奮闘してきたことに一気に骨格が与えられました。その過程で、ピーター・F・ドラッカーのマネジメント論にも、大切なヒントと裏付けをいただきました。

それをこうして本書という形にできたのは、たくさんの方々のおかげです。

私がマーケティングの道に入るきっかけをくださった、（株）キーワードマーケティングの滝井秀典さん。組織学を学ぶ場と、第一線で活躍する専門家の方々とのご縁をくださった天外伺朗さん。膨大な対話を通じ、多様な組織に共通の原理原則をともに紐解いてくださった森田貴英弁護士。いつも一緒に全力を尽くしてくださるクライアントの皆さま。

本を書こうと志した私のメンターとなり、ともに考えてくださった高橋朋宏さん、平城好誠さん。本書の「最高の形」に真摯に向き合ってくださった、編集担当の手島智子さん、小澤康良さん、青春出版社の皆さま。モデルになってくれた家族。人生の結晶をコンテンツにして発信し、のこしてくださった先人の皆さま。これまでお会いしてきたすべての方々。

書き終わった今、やっとひとつ、この世界での私なりの役割を果たせた思いでいます。

本書を読んでくださって、本当にありがとうございました。あなたがつくったサイトと、きっとどこかで出会えますことを、心から、楽しみにしています。

大浦早紀子

サイトの各部位の名称

以下は、基本型としての一例です。サイトにより、いろいろなパターンがあります。

パソコン　2カラム（2列）サイト

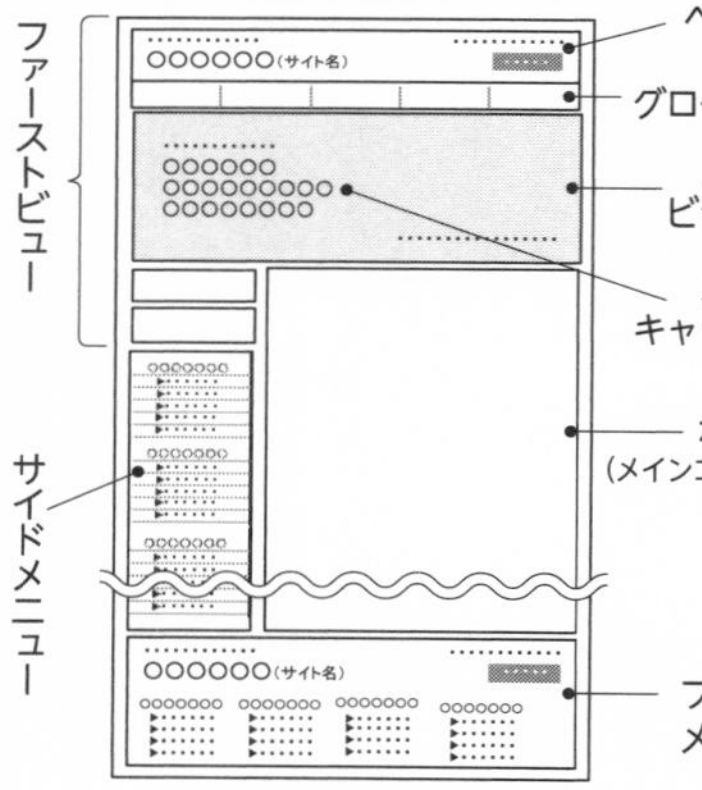

パソコン　1カラム（1列）サイト

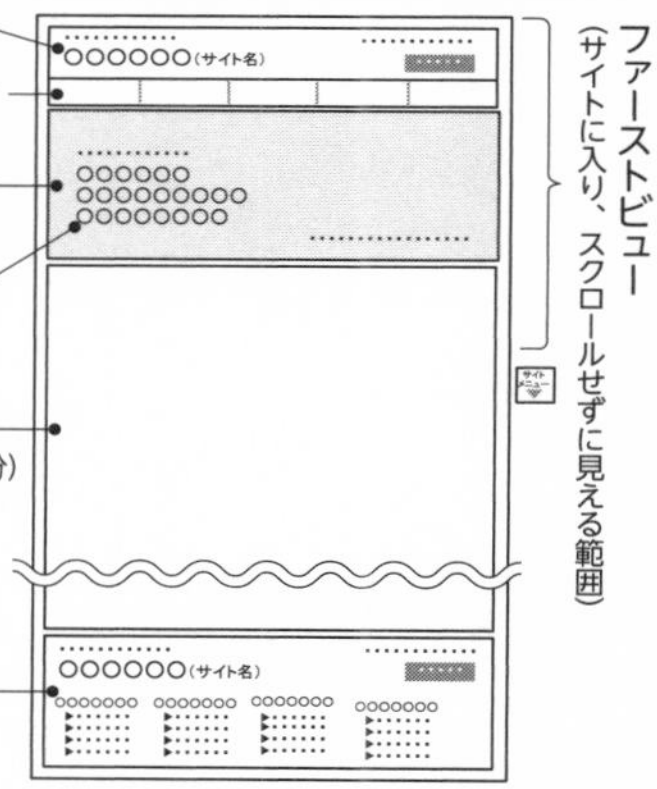

■**レスポンスデバイス**

お問合せフォーム

03-XXXX-XXXX
9～18時受付（土日祝休）

フォームやカート、商品一覧ページへのボタン、電話番号など。
実店舗ならレジにあたる、お客さんがコンバージョン行動を開始するための、サイトコンテンツの出口。
サイト内のどこからでも見つけやすいように配置する。

スマートフォン用サイト

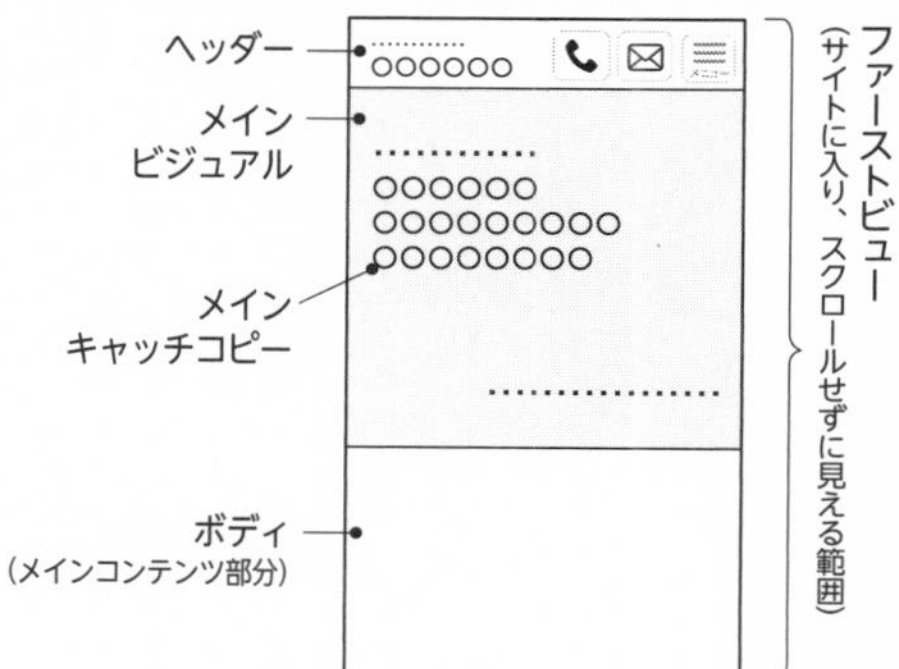

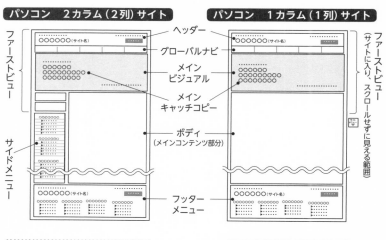

■アコーディオン

リンクを押すと、折りたたまれていたコンテンツが下に開き、表示される機能。

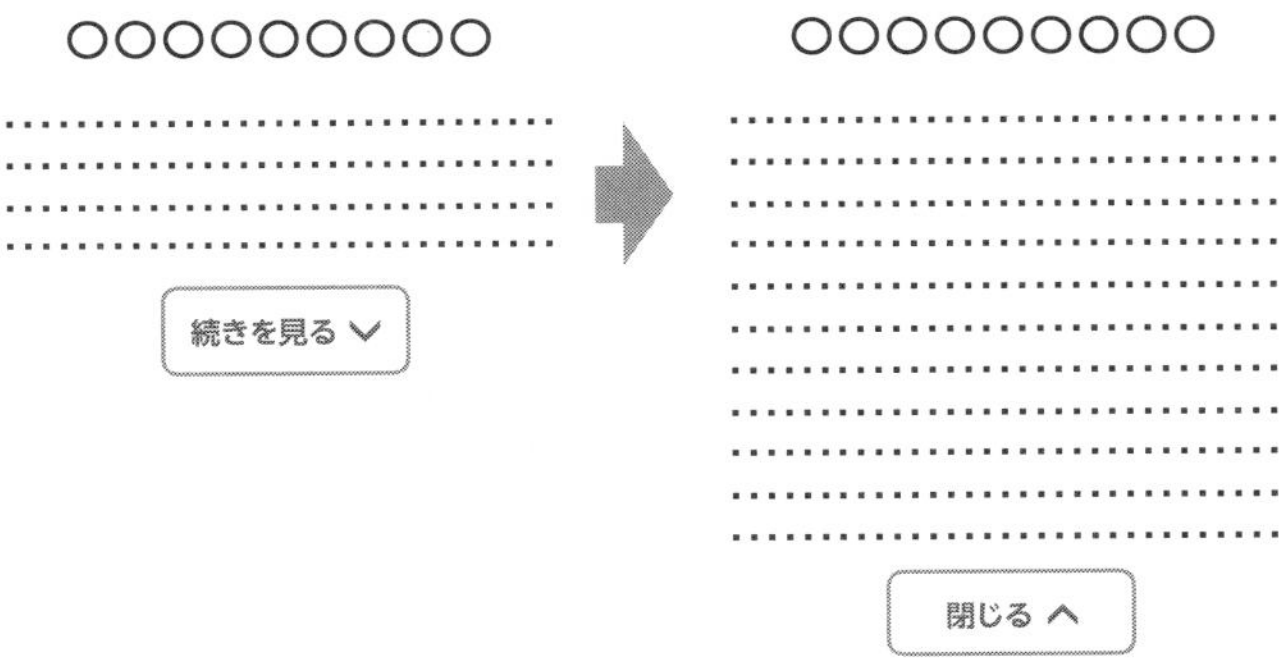

■モーダルウインドウ

リンクを押すと、元の画面に覆いかぶさる形で、別ウインドウの参照コンテンツが開く機能。

閉じると、開く前に見ていた元のコンテンツにすぐ戻れるのがメリット。

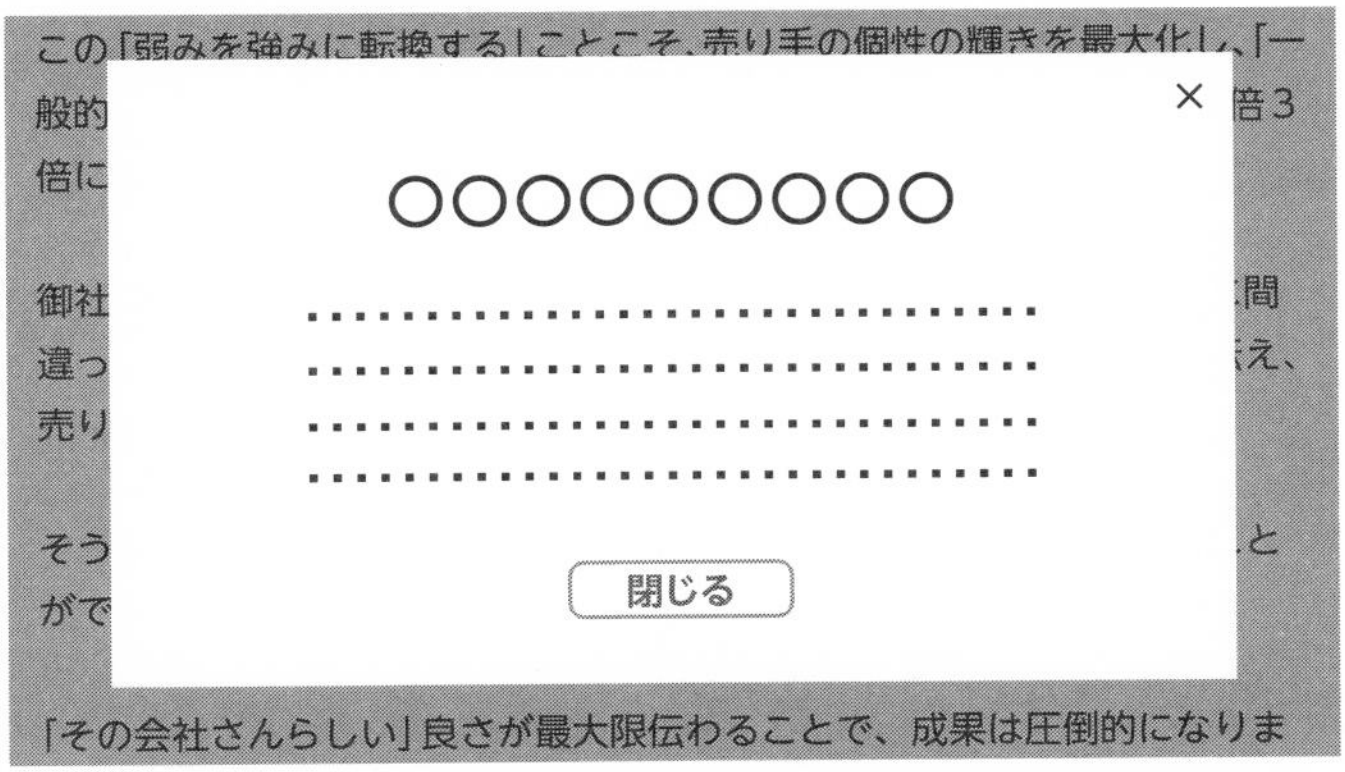

フォーム内や、サイト内検索画面などで使う機能

■チェックボックス

複数選択できる場合、もしくは選択肢がひとつしかない場合に使用する。

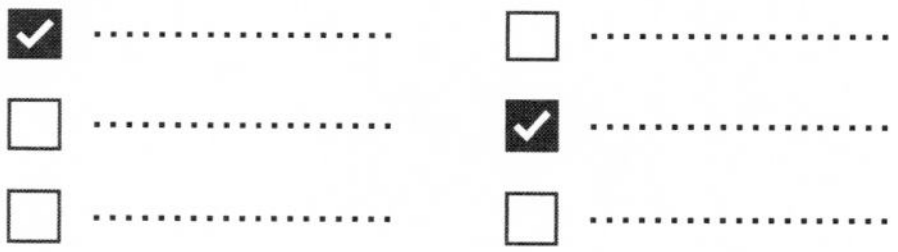

■ラジオボタン

複数の選択肢のうち、ひとつしか選択できない場合に使用する。

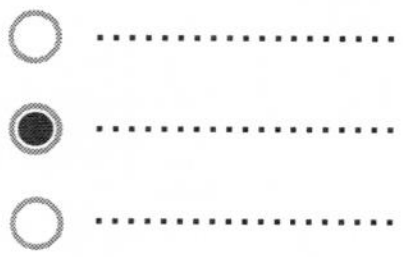

■プルダウン（ドロップダウン）メニュー

押すと、下に選択肢が表示される（ひとつしか選択できない）。

選択肢の数が多く、すべてをラジオボタンで表示すると画面が見づらくなる場合などに使用する。

選択肢の数があまりに多い場合は、フリー入力欄のほうが記入しやすい場合もあるので注意。

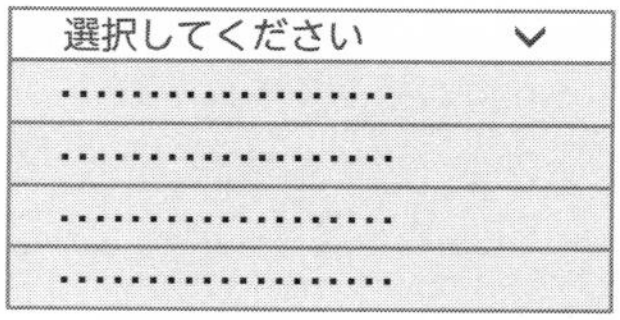

その他用語集

■流入数（＝アクセス数／訪問数／セッション数）

サイトが閲覧された回数。

※Googleが提供する解析ツール「Googleアナリティクス」では、「セッション数」という言葉が使われています。

■コンバージョン

（サイトを使ったマーケティングの場合は）サイトを通じて、お客さんが売り手に対し行動を起こすこと。

たとえば購入や申込み、問合せ、見積依頼など。

■コンバージョン数（＝CV）　コンバージョンの数。

■コンバージョン率（＝CVR）

サイトを訪れたユーザーが、コンバージョン行動を起こす確率。

コンバージョン率（%）＝コンバージョン数÷流入（アクセス／訪問／セッション）数×100。

■検索クエリ

ユーザーが、検索エンジンの検索窓に入力した言葉。

たとえばある人が「訪問看護　世田谷区」と入力した場合、この「訪問看護　世田谷区」が検索クエリにあたる。

■SEO

検索エンジン最適化（Search Engine Optimization）の略。

GoogleやYahoo!、Bingなど、検索エンジンの自然検索結果（広告欄ではない検索結果）から、サイトへの流入を増やそうとする施策群。

具体的には「上位表示」「より多くのキーワード（検索クエリ）で表示されるようにする」「クリック率の向上」など。

サイト所有者・制作者向け、Googleが提供する無料ツール

※各ツールの名称・URL・機能・使用方法などは2021年8月現在のもので、変更となる場合があります。
その場合も、下記ツール名で検索すれば、後継ツールやその後の情報が表示されますので、まずは下記ツール名で検索してみてください。

■ Google サーチコンソール

https://search.google.com/search-console

「ユーザーがサイトに流入する手前」、すなわちGoogle検索データのうち、所有するサイトに関するデータを入手したり、Googleに情報を送信したりできるツール。

利用するには、Googleサーチコンソールにアクセスし、該当ドメインの所有権を確認する。

詳しくは「サーチコンソール　設定」などで検索。

■ Google アナリティクス

https://analytics.google.com/analytics

「ユーザーがサイトに流入した後」、すなわち所有するサイト内で取得したデータを分析（解析）できるツール。

利用するには、まず、所有するサイト内にデータを取得するための計測タグを埋め込む必要がある（『Googleタグマネージャー』など、各種計測タグを一括管理できるツールを使うのも、管理効率がよくなるのでおすすめ）。

あわせて、Googleアナリティクス内で各種初期設定を行う。

詳しくは「Googleアナリティクス　設定」などで検索。

■ **Google 広告　キーワードプランナー**

https://ads.google.com/　（URL は Google 広告トップページ）

ビジネスに関するキーワードや、サイトの URL から、関連する Google ユーザーの検索クエリデータを入手できる。

利用には、Google 広告のアカウント作成が必要（アカウント作成は無料。広告の出稿には別途費用が必要）。

詳しくは「キーワードプランナー　使い方」などで検索。

※ Google 広告や Yahoo! 広告を出稿している方へ：

広告の管理画面から、広告が表示された「検索クエリ」のデータをダウンロードできます。

実際に広告表示されたデータであるぶん、精度が高くなりやすく、キーワードプランナーのデータとあわせて、必ず確認することをおすすめします。

■ **Google Developers ページスピードインサイト**

https://developers.google.com/speed/pagespeed/insights

上記 URL にアクセスし、分析したいサイトの URL を入力・送信するだけで、読み込み時間のテスト結果と改善策が表示される。

サイト制作会社など技術担当の方に、上記 URL ごと共有がおすすめ。

「ページスピードインサイト」で検索。

その他、サイトマーケティングを進めるうえで、本文内やこの用語集に記載がない、わからないことに出会ったら、まずは検索して調べてみてください。

必要に応じて、関連の専門書籍などで知識を深めていくのもおすすめです。

本書が、そのはじめの一歩を踏み出すガイド役となれましたら、とても嬉しいです。

※訪問看護ステーションの広告について

本文内に訪問看護事業に関する記載がありますが、指定訪問看護ステーションについて広告をする場合、「指定訪問看護の事業の人員及び運営に関する基準」第二十六条により「その内容が虚偽又は誇大なものであってはならない」と定められています。

また、本書執筆にあたり厚生労働省に確認したところ、「看護師の医療の内容にかかる広告についても『医療広告ガイドライン』に準じる」との回答をいただきました。ただ、これについて現時点では明文化された法令や充分な前例はなく、定説に至っているとまでは言い切れないようです。

訪問看護ステーションのサイトを制作する場合は必ず、厚生労働省ホームページ等で最新情報を入手のうえ、法令を遵守してサイト作りを行ってください。適法性の確認など、詳しくは管轄の保健所にお問合せください。

※各ツールの名称や機能、法規制など、本書記載の内容は執筆時点（2021年8月）のものです。

著者紹介

大浦早紀子　サイトマーケティングコンサルタント・(株)フローマーケティング代表取締役。「伝わるから、圧倒的に売れる」サイトを中心に、中小企業とお客さんのコミュニケーションを支援。2008年より、常時20～30のサイトと向き合い続ける。

本書は、お客様視点で常に「伝わる」こと、「伝える」ことを大切にしている著者が、“姉が妹にサイトマーケティングを教える”という物語形式でサイト作りの普遍的法則を解説する意欲作。

サイト作り・集客に悩むすべての人に贈ります。

～「伝わってない」を解決したい～
株式会社フローマーケティング
https://www.flowmarketing.com/

5つの物語《ものがたり》で知《し》る買《か》い手《て》の心理《しんり》
圧倒的《あっとうてき》サイト戦略《せんりゃく》

2021年11月1日　第1刷

著　　者　大《おお》浦《うら》早《さ》紀《き》子《こ》
発 行 者　小澤源太郎

責任編集　株式会社 プライム涌光
電話　編集部　03(3203)2850

発 行 所　株式会社 青春出版社
東京都新宿区若松町12番1号 〒162-0056
振替番号　00190-7-98602
電話　営業部　03(3207)1916

印刷　三松堂　　製本　フォーネット社

万一、落丁、乱丁がありました節は、お取りかえします。

ISBN978-4-413-23224-1 C0034